JAN HEINER SCHNEIDER

GOTT
IM HIMMEL –
ODER WO?

Ein Praxisbuch für
Schule und Gemeinde

mit
CD-ROM

Kösel • dkv

Vom selben Autor lieferbar:
Jesus auf Erden – und weiter?
Ein Praxisbuch für Schule und
Gemeinde mit CD-ROM
(alle Bilder des Buches finden Sie
auf der eingelegten CD-ROM)

MIX
Papier aus verantwor-
tungsvollen Quellen
FSC® C084279

Verlagsgruppe Random House FSC® N001967
Das für dieses Buch verwendete FSC®-zertifizierte Papier
Profibulk liefert Sappi, Alfeld.

Weitere Informationen zu diesem Buch und unserem gesamten
lieferbaren Programm finden Sie unter
www.koesel.de
www.katecheten-verein.de

INHALT

VORWORT

■ Die hier vorliegenden Texte und Bilder wurden zuerst für Werkstattseminare »zur Gottesfrage in unserer Zeit« in Kirchengemeinden und in der Lehrerfortbildung zusammengestellt. Sie haben sich ebenso im schulischen Religionsunterricht, in der Katechese, in der theologischen Bildungsarbeit mit Erwachsenen und mit Jugendlichen, bei Einkehrtagen und Gottesdiensten bewährt. Sie sind auch für die private Lektüre gedacht.

■ Deshalb betrachte man diese Sammlung als eine Fundgrube, aus der nach Bedarf und Belieben ausgewählt werden kann. Die Zuordnung der Texte und Bilder zu thematischen Kapiteln kann eine Orientierungshilfe sein.

■ Eine wichtige Intention dieser Veröffentlichung ist, Texte und Bilder so bereitzustellen, dass sie ohne großen Aufwand in unterschiedlichen Verwendungssituationen einsetzbar sind. Die in der Regel vollzogene Beschränkung der Texte auf eine Seite hat nicht nur pragmatische Gründe. Sie soll der Konzentration auf die Sache dienen und nicht zuletzt der Aufnahmefähigkeit und der Fassungskraft der jeweils Teilnehmenden entgegenkommen. Auch biblische Texte finden sich hier als Arbeitsblätter, weil bei den angeführten Anlässen nicht immer Bibeln zur Verfügung stehen.

■ Oft finden Bildungsveranstaltungen noch in der Weise von Vorträgen statt, die allenfalls durch Medien gestützt werden; selten werden die eingesetzten Texte und noch weniger die Bilder den Teilnehmenden ausgehändigt. Dagegen verfolgt diese Publikation das Anliegen, Texte und Bilder für die aktive Beteiligung aller Teilnehmenden und für die private Nacharbeit zugänglich zu machen. Das hier gewählte DIN-A4-Format kann als Vorlage zur Erstellung von Arbeitsblättern dienen, die mitgelieferte CD-ROM ermöglicht es, die Bilder großformatig zu projizieren.

■ Die formale Gestaltung der einzelnen Seiten strebt an, auch in ästhetischer Hinsicht zu überzeugen. Ob ein Thema den Lehrenden und Referierenden wichtig ist und Texte und Bilder nachhaltig wirken, wird nicht zuletzt an der Gestaltung der Arbeitsmaterialien erkennbar.

■ Ein Vorspann zu jedem Kapitel erläutert die Entscheidung für die eingesetzten Texte und Bilder, stellt ausgewählte Aspekte heraus und zeigt innere Zusammenhänge auf. In einzelnen Fällen werden kleine Seh- und Lesehilfen gegeben. Im Übrigen verlässt sich diese Sammlung auf die Sach- und Fachkompetenz derer, die sie nutzen.

■ Es liegt in der Natur jeder Sammlung, dass sie unvollständig und also für Ergänzungen offen ist. So ist dieser Band auch eine Einladung, mit eigenen Funden und Anregungen das hier Vorgelegte zu erweitern.

1 WIR MENSCHENKINDER, UNSERE FRAGEN NACH DEM SINN, UNSERE SEHNSUCHT

■ Unser Dasein – im Idealfall in der von Mutter und Vater geschenkten Geborgenheit, in der von vielfältigen Beziehungen und Konflikten geprägten Gesellschaft, am Ende unseres Lebens umfangen vom Tod. Was suchen wir? Wie deuten wir unsere Begegnungen und Erfahrungen? Was macht uns zum Menschen?

■ Das Nachdenken über Gott muss mit dem Nachdenken über uns Menschen beginnen. Der Einstieg bei den zentralen Stationen und Situationen unseres Lebens ist nicht nur ein didaktisches, es ist ein theologisches Programm. Hier soll nicht deduktiv und systematisch-theologisch vorgegangen werden, als wenn es nur darum ginge, den Katechismus zu lernen. Ausgangspunkt sind die Fähigkeiten und der Wille der Menschen, nach ihrer Herkunft und nach dem Sinn ihres Daseins zu fragen. Sie sollen dazu motiviert und in die Lage versetzt werden, sich selbst als Suchende, Fragende und Findende wahrzunehmen und zu verstehen.

■ Drei Bilder von Paula Modersohn-Becker, Frans Masereel und Käthe Kollwitz können dazu je für sich, können aber auch in Abfolge nacheinander erkundet und interpretiert werden. Die Betrachtenden werden sich fragen können, inwieweit sie selbst in diesen Bildern vorkommen: Welche Bedeutung die erfahrene Geborgenheit des Kleinkindes bei Mutter (und Vater) für die Wahrnehmung ihres Lebens hat bzw. welches Gewicht ggf. der Tatsache zukommt, dass sie genau solche Geborgenheit, Zärtlichkeit, Körperlichkeit, Nähe, Treue und Zuverlässigkeit vermissen mussten. Sie werden am Holzschnitt Frans Masereels das kurze Glück und die tödliche Not menschlicher Schicksale ausmachen. Sie werden in der Zeichnung der Käthe Kollwitz die bergende Zärtlichkeit des Todes über der von den Anstrengungen des Lebens gezeichneten Frau erkennen – und in der darunter liegenden Dornenkrone als Signatur der Passion Jesu Christi einen Hinweis der Künstlerin zur Deutung (▶ S. 7).

■ Paul M. Zulehner und Günter Kunert geben mit »Sehnsucht«, die Pop-Band Frida Gold mit »Träumen« Schlüsselwörter unserer Zeit an, die für schmerzlich empfundenes Verlangen nach Sinn-Erfüllung stehen. »Sich sehnen« beschreibt einen psycho-dynamischen Vorgang. Die Frage kann sich anschließen, ob und inwieweit Familien, Freundschaften, Gruppen oder die Kirche »Sehnsuchtsgemeinschaften« sind (▶ S. 8 f.).

■ Die in diesen Bildern und Texten angesprochenen Erfahrungen sollten nicht vorschnell als Beweis einer vorhandenen Sehnsucht nach Gott angesehen werden (das würde viele Menschen gegen ihr Selbstverständnis vereinnahmen). Unstrittig enthalten sie aber ein im weitesten Sinne des Wortes starkes religiöses Potenzial.

Paula Modersohn-Becker (1876–1907),
Liegende Mutter mit Kind, 1906

Frans Masereel (1889–1972),
Die Hände, 1960

Käthe Kollwitz (1867–1945), Der Tod nimmt eine
Frau zu sich, 1921/2

Wir Menschenkinder, unsere Fragen nach dem Sinn, unsere Sehnsucht

DIE SEHNSUCHT – EINE SPUR

Paul Michael Zulehner: Alles beginnt mit der Sehnsucht

Sollte also die Sehnsucht eine der stärksten Lebenskräfte sein? Und wenn solches stimmig ist: Muss dann nicht gerade sehnsuchtsfühlig sein, wer mit dem Leben in Fühlung sein will?

5 Wie aber kann solche Sehnsuchtsfühligkeit entwickelt werden? Wege zum Erspüren, Erfühlen von Sehnsüchten gibt es viele. Der einfachste Weg wäre, den inneren Stimmen zu trauen: dem Träumen, Visionen, den guten Erfahrungen, also jenen
10 Momenten des Lebens, die wir Feste nennen sollten: nämlich Arbeit, Liebe, Erkennen und Spiel. Aber sind wird nicht eine vertaubte Kultur? Überlaut und daher hörbehindert? Hören wir nicht so vieles, dass wir die Stimmen der Sehnsucht über-
15 hören? Sollte also die Tiefe und Breite unseres Lebens an einer Sehnsuchtstaubheit leiden? Daher wird vermutlich ein anderer Weg, Sehnsüchte wahrzunehmen, zunehmend unverzichtbar: nämlich Sehnsucht aus dem Leiden zu erfühlen.
20 Könnte es also sein, dass eine der besten Lesehilfen für die Sehnsucht Leiden, Entbehrung, Verlust, ja Scheitern sind? [...] Leiden: die Rückseite der Sehnsucht? Kenne ich das Leben in seinen wahren verletzlichen Tiefen
25 nicht erst dann, wenn ich den Tod ahne? Wie soll auch das Leben schätzen, wer den Tod nicht fürchtet? Solange jemand gesund ist, ist Gesundheit kein Thema. Erkrankt dagegen jemand, wächst die Sehnsucht nach der verlorenen Gesundheit.
30 Ein überraschend verlässlicher Weg, in unserer lauten und umtriebigen Kultur der Sehnsucht in ihren reichen Facetten auf die Spur zu kommen, sind also die vielfältigen Leiden.

Paul M. Zulehner (geb. 1939) ist ein österreichischer Pastoraltheologe. – In: Sehnsüchte – eine pastoralsoziologische Untersuchung, in: DKV (Hg.), Stimmen der Sehnsucht. Dokumentation des Katechetischen Kongresses 1997 in Würzburg, München 1997, 43–56, hier 43–44. – Der Titel »Alles beginnt mit der Sehnsucht« ist ein Wort von Nelly Sachs aus ihrem Stück: Eli. Ein Mysterienspiel vom Leiden Israels, 15. Bild, verfasst 1944, nachdem man ihr von Auschwitz berichtet hatte.

Günter Kunert: Für mehr als mich

Ich bin ein Sucher
Eines Weges.
Zu allem was mehr ist
Als
Stoffwechsel
Blutkreislauf
Nahrungsaufnahme
Zellenzerfall.

Ich bin ein Sucher
Eines Weges.
Der breiter ist
Als ich.
Nicht zu schmal.

Kein Ein-Mann-Weg.
Aber auch keine
Staubige, tausendmal
Überlaufene Bahn.

Ich bin ein Sucher
Eines Weges.
Sucher eines Weges
Für mehr
Als mich.

Günter Kunert (geb. 1929), deutscher Schriftsteller. – In: Stefan Herok / Agnes Molzberger-Stich, Stimmen der Sehnsucht, München 2000, 176.

WOVON SOLLEN WIR TRÄUMEN?

Ich bin mitten drin
und geb mich allem hin.
Aber schaut man hinter die Kulissen,
dann fängt es immer so an:
Ich schlafe immer zu lang,
krieg's nicht hin
und fühl mich deshalb beschissen.

Ich erkenn mich nicht
in den Schaufensterscheiben.
Entdecke nichts, was mir gefällt.
Ich brauch die schönsten Kleider
und die stärksten Männer
und deine Hand, die meine Hand
für immer festhält.

Wovon sollen wir träumen?
So wie wir sind,
so wie wir sind,
so wie wir sind.
Woran können wir glauben?
Wo führt das hin?
Was kommt und bleibt,
so wie wir sind?

Ich fühl mich leer
und die Nacht liegt schwer,
so schwer auf meinen Schultern.
All die Hoffnung, die war,
ist schon lang nicht mehr da.
Schon wieder 'ne Nacht
einfach vertan.

Ich hab gesucht und gesucht
in den hintersten Ecken
nach Augen, die mich interessieren.
Noch nie hat das geklappt.
Doch ich mag's nicht kapieren.

Wovon sollen wir träumen?
So wie wir sind,
so wie wir sind,
so wie wir sind.
Woran können wir glauben?
Wo führt das hin?
Was kommt und bleibt,
so wie wir sind.

Wir lassen uns treiben
durch die Clubs der Stadt,
durch fremde Hände
und wir werden nicht satt.
Wir wachen dann auf
bei immer anderen Geliebten,
von denen wir dachten,
dass wir sie nie verlassen.

Wir können nicht mehr atmen
und vergessen zu essen.
Wir trinken zu viel.
Es bleibt ein Spiel
ohne Ziel.

Wann hört das auf?
Wann kommen wir hier raus?
Wovon sollen wir träumen?
Wo sind wir zu Haus?
Wo sind wir zu Haus?

Wo sind wir zu Haus?

Wovon sollen wir träumen?
So wie wir sind,
so wie wir sind,
so wie wir sind.
Woran können wir glauben?
Wo führt das hin?
Was kommt und bleibt,
so wie wir sind?

Wir lassen uns treiben
durch die Clubs der Stadt,
durch fremde Hände
und wir werden nicht satt.
Wir wachen dann auf
bei immer anderen Geliebten,
von denen wir dachten,
dass wir sie nie verlassen.

Wovon sollen wir träumen?

Song der Hattinger Pop-Band »Frida Gold«, 2011

Wir Menschenkinder, unsere Fragen nach dem Sinn, unsere Sehnsucht

2 DIE FRAGE NACH GOTT IN UNSERER ZEIT

■ »Gott« – ein Insider-Code, eine überraschend im Daten-Müll auftauchende Web-Site, ein von blinden Führern ins Nichts gewiesener Weg? Ein biografisches Missverständnis, eine durch Fortschritt und sozialen Wandel überholte Metapher, eine trotz allem immer wieder neu präsente Frage?

■ Zwei Karikaturen nehmen das Stochern nach Sinn und nach »Gott« aufs Korn. Im Internet trifft einer auf einen klassischen kirchlichen Gottes-Code und behauptet, diesen geknackt zu haben. Die Zeichnung von Horst Rudolph ist nicht speziell mit Bezug auf Gottesfrage und Kirche entstanden, kann aber auf die Frage gewendet werden, ob die in Kirche und Schule Lehrenden wirklich immer »den Weg wissen« oder nicht selbst vor existenziellem Dunkel stehen. Die Kritik Jesu an den Schriftgelehrten und Pharisäern als »blinden Führern« (Mt 15,14; 23, 16–26) wird auch für die Kirche und die Lehrenden zur Gewissensfrage. Vermitteln sie nicht oft zu vollmundig den Eindruck, sie wüssten fraglos und ohne Selbstzweifel, wer oder was »Gott« ist? (▶ S. 11).

■ Ernst Jandl fordert mit seinem Gedicht zu einer biografischen Reflexion heraus. »Wie waren mein Glaube und meine Gottesvorstellungen in Kindheit und Jugend, wie sind sie nun im Erwachsenenalter beschaffen? Welche existenziellen und welche intellektuellen Herausforderungen stell(t)en Gott in Frage? Wie sehe ich mein Beziehungsverhältnis zu Gott in Zukunft?« Mit einem sprachlichen Kunstgriff wendet Jandl das Ganze zu einer fundamentaltheologischen Reflexion. »Es ist nichts zwischen uns« bezeichnet wunderbar doppeldeutig absolute Nähe und absolute Distanz: Was trifft denn zu? Und wie stellt sich das Verhältnis aus Sicht des zweiten lyrischen Ichs – nämlich Gott – dar, wenn da »nichts ist zwischen uns«? (▶ S. 11).

■ Bertolt Brecht ist nach wie vor aktuell, auch wenn es nicht mehr Ozeanflüge und Umkreisungen der Erde sind, welche die an Raum und Zeit festgemachten Gottesvorstellungen desavouieren. (Als Juri Gagarin am 12.4.1961 als erster Kosmonaut die Erde einige Male umkreist hatte, legte ihm die Sowjetpropaganda die Aussage zu, »Gott habe er im Weltraum nicht gesehen«.) – Kann die Frage »*Wo* ist Gott?« im Kontext von Quanten- und Astrophysik noch beantwortet werden? (▶ S. 12).

■ Eugen Drewermann zeigt, wie Rede über Gott »nicht geht« und wo er in menschlichen und naturalen Erfahrungen »Gott gegenwärtig« sieht. Spontane Äußerungen Erwachsener zum »Stichwort Gott« sind zuerst für Referierende aufschlussreich. Sie können auch Teilnehmerinnen und Teilnehmer von Arbeitsgruppen zu eigenen Aussagen motivieren. (▶ S. 13).

»Weißt du, welchen Code ich gerade geknackt hab?«

Ernst Jandl: an gott

dass an gott geglaubt einstens er habe
fürwahr er das könne nicht sagen
es sei einfach gewesen gott da
und dann nicht mehr gewesen gott da
und dazwischen sei garnichts gewesen
jetzt aber er müsste sich plagen
wenn jetzt an gott glauben er wollte
garantieren für ihn könnte niemand
indes vielleicht eines tages
werde einfach gott wieder da sein
und gar nichts gewesen dazwischen

Ernst Jandl (1925–2000), österreichischer Dichter, der vor allem durch seine konkrete Poesie und lautmalerischen Gedichte bekannt wurde. – In: Paul Konrad Kurz (Hg.), Wem gehört die Erde? Neue religiöse Gedichte, Mainz 1984, 177.

Horst Rudolph, Da geht's lang!, 1981

Bertolt Brecht: Der Ozeanflug

Was immer ich bin und welche Dummheiten ich glaube
Wenn ich fliege, bin ich
Ein wirklicher Atheist.

Zehntausend Jahre lang entstand
Wo die Wasser dunkel wurden am Himmel
Zwischen Licht und Dämmerung unhinderbar
Gott. Und ebenso
Über den Gebirgen, woher das Eis kam
Sichteten die Unwissenden
Unbelehrbar Gott, und ebenso
In den Wüsten kam er im Sandsturm, und
In den Städten wurde er erzeugt von der Unordnung
Der Menschenklassen, weil es zweierlei Menschen gibt
Ausbeutung und Unkenntnis, aber
Die Revolution liquidiert ihn. Aber
Baut Straßen durch das Gebirge, dann verschwindet er
Flüsse vertreiben ihn aus der Wüste. Das Licht
Zeigt Leere und
Verscheucht ihn sofort.

Darum beteiligt euch
An der Bekämpfung des Primitiven
An der Liquidierung des Jenseits und
Der Verscheuchung jedweden Gottes, wo
Immer er auftaucht.

Unter den schärferen Mikroskopen
Fällt er.
Es vertreiben ihn
Die verbesserten Apparate aus der Luft.
Die Reinigung der Städte
Die Vernichtung des Elends
Machen ihn verschwinden und
Jagen ihn zurück in das erste Jahrtausend.

Bertolt Brecht (1898–1956), Der Ozeanflug (St. 8,3),
in: Gesammelte Werke Bd. 2, Frankfurt / Main 1967,
576–577 – Verfasst 1928 / 29 nach der ersten Allein-
überquerung des Atlantiks mit dem Flugzeug 1927
durch Charles Lindbergh. Brecht lässt hier den Flieger
sprechen.

WIE VON GOTT SPRECHEN?
Eugen Drewermann

5 Ich entsinne mich einer eindrücklichen Szene aus Wolfgang Borcherts »Draußen vor der Tür«. Da lässt er den spätheimgekehrten Beckmann einmal Klage führen. Gott existiert für ihn nicht – 1948 –, nicht bei über zwanzig Millionen Flücht-
10 lingen, bei über fünfzig Millionen Toten des Zweiten Weltkrieges. Er klagt Gott an: »Alter Mann«, sagt er, »der Tod überfrisst sich. Aber du kommst nicht mit den Kolonnen von sechsstelligen Zahlen von Toten. Wann warst du eigentlich
15 lieb, lieber Gott? Wer hat dich eigentlich so genannt, lieber Gott? Die kleinen Kinder, wenn sie Angst haben, des Nachts, sie sagen manchmal: ›Lieber Gott, lieber Gott, lieber Gott.‹ Und die Leute, denen es gut geht, die sagen: ›Lieber Gott‹.
20 Wir haben dich nicht genannt: ›Lieber Gott‹. Wir haben nach dir gebrüllt, geschrieen, geflucht – in jedem Granattrichter, in jedem Bombentrichter. Warst du lieb, lieber Gott? Als meine Frau und meine Kinder zerrissen wurden von einer brül-
25 lenden Bombe – warst du da lieb? Als die elf Mann aus meinem Stoßtrupp nicht zurückkehrten – warst du da lieb? Lieber Gott!!! – Du bist gestorben, alter Mann, an der Tinte deiner Theologen. Du bist altmodisch. Wir brauchen einen
30 Gott, so nervös wie wir selber, so unruhig wie wir selber, so verzweifelt wie wir selber.«

Ich habe damals, als ich das in der Schule zum ersten Mal mitbekam, gedacht, wir müssten von
35 Gott völlig anders sprechen, damit Borchert glauben könnte. Und wir bräuchten eine andere Sprache, als wir sie theologisch lehren.

Wenn wir heute sechs Jahre lang Theologen aus-
40 bilden, pflegen wir eine Rede von Gott, die im Leben der Betreffenden kaum etwas ändert. Sie dringt nicht vor zu ihren wirklichen Gefühlen, sie greift nicht in ihren Personkern, sie oberflächisiert und homogenisiert in Sprachspielen, die
45 aufgeklebt bleiben, und sie hat hinterher routinierte Redensarten auf der Walze, die man weitersagt im Namen Gottes. So geht es nicht.

Aber ich glaube, dass Gott gegenwärtig ist in den Tränen, die eine Frau zum ersten Mal weint nach einer zerbrochenen Ehe. 50
Ich glaube, dass Gott gegenwärtig ist in dem Mut, den ein Kind besitzt, sich zu wehren gegen die Tyrannei seiner Eltern.
Ich glaube, dass Gott gegenwärtig ist im Aufstand der Farbigen in Alabama und Johannesburg. 55
Ich glaube, dass Gott gegenwärtig ist in der Schönheit einer Koralle oder einer Muschel am Strand oder in der Musterung einer Antilope in der Serengeti.
Ich glaube, dass Gott gegenwärtig ist in der Größe 60 der Spiralnebel ebenso wie in der Winzigkeit der Atome.
Ich glaube vor allem, dass er gegenwärtig ist in jeder Regung der Liebe, die wagt, sich zu leben – mitunter sogar gegen den Einspruch heiliger Ge- 65 setze.
Ich glaube, dass Gott dort ist, wo Menschen den Mut gewinnen, lieber eine Ordnung zu zerbrechen als das Herz von Menschen.
Ich glaube, dass Gott allmächtig ist in dem Sinne, 70 dass er ständig neu schafft, dass er Altes aufgibt, das sich überlebt, und dass er sich ergießt wie Wein in alte Schläuche.

Eugen Drewermann (geb. 1940) – In: Michael Albus (Hg.), Im Gespräch: Fragen an das Glaubensbekenntnis – Hanna-Renate Laurien / Eugen Drewermann, Kevelaer 1992, 18–19.

Die Frage nach Gott in unserer Zeit

STICHWORT »GOTT«
Was Erwachsene spontan sagten und fragten

1 Glaube ich an ihn und es gibt ihn, ist es gut! Gibt es ihn nicht – nun denn! Glaube ich nicht an ihn und es gibt ihn doch, habe ich ganz schlechte Karten! – Fazit: ICH glaube!

2 Wenn es Gott nicht gibt, dann haben wir ihn erfunden. Warum?

3 Wann und wo ist Gott im Leid zu spüren?

4 Gott ist nebenan. Gott ist überall.

5 Gott, unser Schöpfer – ein Teil von mir. Oder ich ein Teil von ihm? Das wäre eine (zu?) große Herausforderung.

6 Gott gibt uns Kraft. Gibt Gott uns Kraft??

7 Gott, nur im Glauben zu fassen – aber könnte nicht alles auch eine Illusion sein?

8 In schlechten Zeiten besinnen wir uns eher auf Gott als in guten. Das Bitten ist selbstverständlicher als das Danken.

9 Es gibt Milliarden Menschen – und Milliarden Gottesbilder.

10 Gott = Vater / Mutter / Gefährte / auch mein Gegner / Lebenspartner!

11 Für mich ist er nie Gegner, aber ich kann Gegner sein.

12 Gott ist ohne Ursprung. Gott ist selber Ursprung und Anfang von allem. Daher hat ER – aus LANGEWEILE? – die Menschen geschaffen.

13 Gott ist die Liebe. Und die Liebe ist Gott. Aber er lässt uns hassen. Weil er uns frei wollte? In Freiheit entscheiden lassen wollte?

14 Gibt es einen Gottesbeweis? Die Bibel? Oder finde ich den nur in mir selbst?

15 Gott ist auf jeden Fall anders, als wir denken!

16 Wer sagt mir, dass es überhaupt einen Gott gibt? Er gibt große Hilfe, wer denn sonst? Doch manchmal fehlt sie einem.

17 Ich glaube, dass Gott mein Leben in seinen Händen hält.

18 Gott bedrückt mich manchmal. Ja, er fordert viel von uns.

19 Ich wünschte, Gott könnte für mich immer Zuflucht und Halt sein! Aber das wäre ein »Wünsch-dir-was-Gott«!

20 Ist er nur fürs Glück zuständig? Was ist mit Auschwitz?

21 Ich habe die intensivsten Gotteserfahrungen (?) weniger in der Kirche als in der Begegnung mit Menschen erfahren.

22 Wie kann man heute in unserer Gesellschaft die Frage nach Gott wiederbeleben?

3 DIE SEHNSUCHT NACH »GREIFBAREN« GÖTTERN

■ Magische Riten, Bilder und Idole beschwören in den frühen Kulturen die Fruchtbarkeit von Mensch und Vieh und Acker, sollen die Naturgewalten beeinflussen und zum Sieg bei Krieg und Stammesfehde verhelfen. Die Idole sind nicht selbst die Götter – sie repräsentieren sie.

■ Man kann nicht genug über jenen Moment in der Entwicklung der Menschheit staunen, an dem zum ersten Mal ein Mensch auf den Einfall kam und ihn in die Tat umsetzte, ein Abbild seiner selbst zu schaffen. Die 2008 in der Hohlen-Höhle gefundene weibliche Figur – mehr als 35 000 Jahre alt – ist dafür das bisher älteste gefundene Zeugnis. Wie jüngere weibliche Idole auch verkörpert sie mit betonten Brüsten und starkem Becken, wie zentral Geburt und Ernährung im Leben der Menschen sind. Es ist der Anfang aller Versuche der Menschen, das unverfügbare Leben buchstäblich »in den Griff« zu kriegen und magisch zu besetzen (▶ S. 16 oben).

■ Wesentlich jünger sind die anderen hier gezeigten Idole. Sie stammen aus dem palästinensischen bzw. aus dem orientalischen Raum und spielen in der Religionsgeschichte Israels eine besondere Rolle. Sie repräsentierten Gottheiten mit Zuständigkeiten für alle wichtigen Lebensbereiche. Die eher kleinen Figuren fanden keine Aufstellung an hervorgehobenen Kultplätzen, sondern fungierten als Schutz- und Segensgottheiten in den Zelten und Wohnungen der Menschen. Die ihnen gewidmeten Rituale und Kulthandlungen sind der Boden und das Umfeld, auf denen die Religion der Hebräer entstanden ist (▶ S. 16 f.).

■ Götterbilder spielen in Gen 31 eine Rolle. Rahel hält ihren Vater Laban davon ab, Jakobs Betrügerei und Wegzug zu bestrafen, indem sie seine Götterbilder stiehlt, sie in den Satteltaschen eines Kamels versteckt und sich darauf setzt. Mit dem Hinweis auf ihre Menstruation schafft sie ein Tabu, das es Laban unmöglich macht, die Satteltaschen zu untersuchen. Er muss ohne seine Götterbilder abziehen.

■ Die Schilderung vom Tanz um das Goldene Kalb (Ex 32,1–6) geht auf die Tatsache ein, dass die nomadisierenden Hebräer Stieridole als Fruchtbarkeitsgötter mit sich führten. Aus dem Stiergott, der in verschiedener Weise im gesamten Orient verehrt wurde, machte der Verfasser von Ex 32 um der Jahwe-Verehrung willen verächtlich ein Kalb (▶ S. 17).

Weibliche Figur, Elfenbein, Höhe 6 cm, 35 000–
40 000 Jahre alt, gefunden 2008 in der Hohlen-
Höhle bei Rammingen-Lindenau / Schwäbische Alb,
die älteste bisher gefundene Menschen(?)darstellung

Baal
Ugarit, ca. 1400–1300 v. Chr.

El – Vater der Götter
Palästina, ca. 1200 v. Chr.

Bronzestier
Palästina, ca. 1100 v. Chr.

Astarte oder Aschera
Palästina, ca. 800 Jahre v. Chr.

▲ Der Stier war im kanaanäischen Baals-Kult von großer Bedeutung und hatte lange Zeit auch in der Frömmigkeit der Israeliten seinen Platz. In beiden Religionen wurden Stiere geopfert und kleine Stierfiguren als Fruchtbarkeitsidole verehrt.

▲ Von ebenso großer Bedeutung war die Verehrung der Astarte / Aschera, der Göttin für Fruchtbarkeit und Liebe. Bei Ausgrabungen fand man unzählige solcher Idole und Figurinen in den privaten Häusern der Israeliten.

Kanaanäischer Rundaltar
Megiddo, ca. 3300 v. Chr.

Israelischer Hörneraltar
Megiddo, ca. 1000 v. Chr.

▲ Sieben Stufen führten auf die Fläche des Rundaltars hinauf, wo sich ein Hörneraltar für die Schlachtopfer befand.

▲ Die »Hörner des Altars« sollten verhindern, dass das Opfertier herunterfiel. Der Altar befand sich in einem Tempel, dessen Grundmauern erhalten sind.

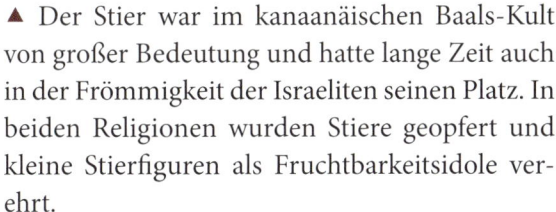

4 HEBRÄER »FINDEN« IHREN GOTT

■ Erstaunlich ist, dass die Israeliten – ganz im Gegensatz zu den umgebenden Völkern und Religionen – im Laufe ihrer Geschichte zum Monotheismus gefunden haben. Religionsgeschichtlich ist dieser Vorgang noch keineswegs geklärt. Was das Erste Testament als urplötzliche Offenbarung Gottes gegenüber Mose schildert (Ex 3), ist die literarische Fassung einer langen Entwicklung und theologischen Reflexion.

■ Mythen der Abrahamsgeschichten eröffnen dieses Kapitel. Sie sind zwar vom Monotheismus geprägt, lassen aber den Abraham berufenden und ihn und seine Nachkommen führenden Gott im Dunkeln. Er wird lediglich ausgewiesen als der »Gott Abrahams, der Gott Isaaks und der Gott Jakobs« – ein Gott ohne Bild und ohne Namen (▶ S. 19).

■ Funde aus der Eisenzeit lassen Vermutungen zu, dass eine in Midian beheimatete Ortsgottheit – als JHWH / Jahwe bezeichnet – zur Stammesgottheit wird, die die Hebräer begleitet (▶ S. 20).

■ Die Mose-Geschichten vom sich offenbarenden Gott sind das literarische und theologische Konzentrat einer langen Entwicklung zum Monotheismus. Darin liegt ihre Stärke. Das Bekenntnis zum Einen Gott im Sch^ema-Israel ist bis heute selbstverständlicher Kerntext des Judentums (▶ S. 21).

MYTHEN DES ANFANGS

■ Aus Sicht der Historiker handelt es sich bei den »Geschichten der Erzeltern« um Mythen und Sagen. Abraham, Sara und Hagar, Isaak und Rebekka, Jakob, seine Frauen und Kinder sind keine historischen Persönlichkeiten. Die biblischen Erzählungen über sie schildern allgemeine Erfahrungen, Ängste und Hoffnungen hebräischer Nomaden und drücken in starken Bildern ihre existenziellen Fragen aus: nach ihrer Herkunft, nach dem Umgang mit Göttern und Naturgewalten, nach dem sozialen Miteinander in Großfamilie und Stammesverbund, nach Schuld und Vergebung, nach der Erlangung wirtschaftlichen Wohlstands und der Sicherstellung der notwendigen Ressourcen.

■ Es sind Erzählungen mit starker Verwurzelung im Alltag. Sie werden wieder und wieder bedacht und auf das eigene Leben bezogen, um es besser zu verstehen und zu meistern.

Gen 12,1–4
[1] Der Herr sprach zu Abram: Zieh weg aus deinem Land, von deiner Verwandtschaft und aus deinem Vaterhaus in das Land, das ich dir zeigen werde. [2] Ich werde dich zu einem großen Volk machen, dich segnen und deinen Namen groß machen. Ein Segen sollst du sein. [3] Ich will segnen, die dich segnen; wer dich verwünscht, den will ich verfluchen. Durch dich sollen alle Geschlechter der Erde Segen erlangen. [4] Da zog Abram weg, wie der Herr ihm gesagt hatte, und mit ihm ging auch Lot. Abram war fünfundsiebzig Jahre alt, als er aus Haran fortzog.

Gen 13,14–17
[14] Nachdem sich Lot von Abram getrennt hatte, sprach der Herr zu Abram: Blick auf und schau von der Stelle, an der du stehst, nach Norden und Süden, nach Osten und Westen. [15] Das ganze Land nämlich, das du siehst, will ich dir und deinen Nachkommen für immer geben. [16] Ich mache deine Nachkommen zahlreich wie den Staub auf der Erde. Nur wer den Staub auf der Erde zählen kann, wird auch deine Nachkommen zählen kön-

nen. [17] Mach dich auf, durchzieh das Land in seiner Länge und Breite; denn dir werde ich es geben.

Gen 15,1–6
[1] Nach diesen Ereignissen erging das Wort des Herrn in einer Vision an Abram: Fürchte dich nicht, Abram, ich bin dein Schild; dein Lohn wird sehr groß sein. [2] Abram antwortete: Herr, mein Herr, was willst du mir schon geben? Ich gehe doch kinderlos dahin, und Erbe meines Hauses ist Elieser aus Damaskus. [3] Und Abram sagte: Du hast mir ja keine Nachkommen gegeben; also wird mich mein Hausklave beerben. [4] Da erging das Wort des Herrn an ihn: Nicht er wird dich beerben, sondern dein leiblicher Sohn wird dein Erbe sein. [5] Er führte ihn hinaus und sprach: Sieh doch zum Himmel hinauf, und zähl die Sterne, wenn du sie zählen kannst. Und er sprach zu ihm: So zahlreich werden deine Nachkommen sein. [6] Abram glaubte dem Herrn, und der Herr rechnete es ihm als Gerechtigkeit an.

Hebräer »finden« ihren Gott

DER JAHWE-GLAUBE

■ Die Erzählungen über die Erzeltern wurden erst nach langer mündlicher Überlieferung schriftlich niedergelegt. Sie berücksichtigen die Entwicklung zum Monotheismus, aber sie geben Gott noch nicht den »Namen« JHWH / Jahwe, sondern gebrauchen die umschreibende Formulierung »der Gott Abrahams, Isaaks und Jakobs«.

■ Zweifellos haben die hebräischen Nomaden der Spätbronzezeit (ca. 2000–1000 v. Chr.) und der Zeit danach mehrere Gottheiten verehrt, vor allem Fruchtbarkeitsgöttinnen und -götter. Eine JHWH genannte Gottheit begegnet zuerst im Umkreis von Midian. Dortige Funde aus der Eisenzeit (1100–700 v. Chr.) belegen, dass diese Gottheit zunächst neben anderen verehrt wurde. So spricht z. B. ein Text aus Kuntillet 'Adschrud von »Jahwe und seiner Aschera«:

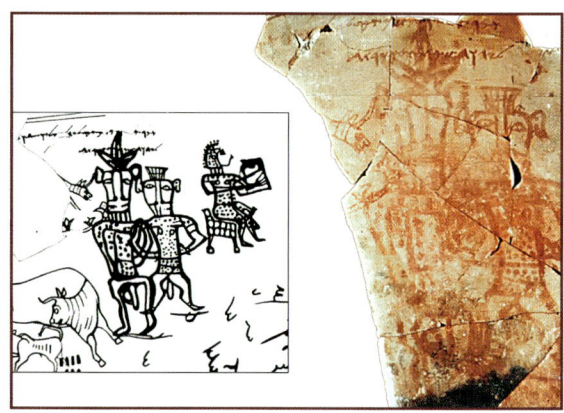

»Sei gesegnet durch JHWH von Samaria und seine Aschera.«
Text am oberen Rand einer Tonscherbe, 8. Jh. v. Chr.; die Zeichnungen auf der Tonscherbe haben keinen Bezug zum Text.

»JHWH von Teman« – Jahwe des Südens
Inschrift auf Wandputz in Kuntillet 'Adschrud, 8. Jh. v. Chr.

◄ Kuntillet 'Adschrud, ca. 80 km nordwestlich vom heutigen Eilat gelegen, gehörte wohl zum Land Midian. Nach Ex 3,1 hielt sich Mose in Midian auf, zog von da aus zum Horeb und erfuhr dort Gottes Offenbarung.

■ So spricht einiges dafür, in Midian die »Heimat« einer Jahwe genannten Ortsgottheit zu suchen, die zur Stammesgottheit der Hebräer und viel später »in der Wüstenzeit« zu dem Einen Gott Israels wurde.

■ Auch die Exodus-Erzählungen bringen Alltagserfahrungen und »historische« Ereignisse mit mythischen Erzählungen zusammen. Der Auszug einiger hebräischer Stämme aus Ägypten, das Nomadenleben in der Wüste, die tägliche Sorge um Wasser und Brot werden mit den Mythen von der Offenbarung Gottes am brennenden Dornbusch, vom Bundesschluss mit Israel und von der Übergabe der Zehn Gebote am Sinai verbunden.

■ Ebenso erstaunlich wie die Entwicklung des Monotheismus sind mit Blick auf die Religionen der benachbarten Völker die unbedingten Gebote der Hebräer, sich kein Bild von ihrem Gott JHWH anzufertigen und Gottes »Namen« nicht zu missbrauchen, ihn also nicht durch Anrufungen oder Eide zu instrumentalisieren und sich gefügig zu machen.

■ Der Text »Höre, Israel!« mit weiteren Versen wird zu einem der wichtigsten Texte des Ersten Testaments. Er gibt den Kern des Glaubensbekenntnisses der Juden wieder.

■ Das vollständige »Höre, Israel!« – hebräisch: »Sch^ema Israel« – umfasst Dtn 6,4–9, Dtn 11,13–21 und Num 15,37–41.

Ex 3,13–15

¹³ Da sagte Mose zu Gott: Gut, ich werde also zu den Israeliten kommen und ihnen sagen: Der Gott eurer Väter hat mich zu euch gesandt. Da werden sie mich fragen: Wie heißt er? Was soll ich ihnen darauf sagen?
¹⁴ Da antwortete Gott dem Mose: Ich bin der »ICH-BIN-DA«. Und er fuhr fort: So sollst du zu den Israeliten sagen: Der »ICH-BIN-DA« hat mich zu euch gesandt.
¹⁵ Weiter sprach Gott zu Mose: So sag zu den Israeliten: Jahwe, der Gott eurer Väter, der Gott Abrahams, der Gott Isaaks und der Gott Jakobs, hat mich zu euch gesandt. Das ist mein Name für immer, und so wird man mich nennen in allen Generationen.

Ex 20,2–7

² Ich bin Jahwe, dein Gott, der dich aus Ägypten geführt hat, aus dem Sklavenhaus. ³ Du sollst neben mir keine anderen Götter haben.
⁴ Du sollst dir kein Gottesbild machen und keine Darstellung von irgendetwas am Himmel droben, auf der Erde unten oder im Wasser unter der Erde.
⁵ Du sollst dich nicht vor anderen Göttern niederwerfen und dich nicht verpflichten, ihnen zu dienen. Denn ich, der Herr, dein Gott, bin ein eifersüchtiger Gott: Bei denen, die mir feind sind, verfolge ich die Schuld der Väter an den Söhnen, an der dritten und vierten Generation; ⁶ bei denen, die mich lieben und auf meine Gebote achten, erweise ich Tausenden meine Huld.
⁷ Du sollst den Namen des Herrn, deines Gottes, nicht missbrauchen; denn der Herr lässt den nicht ungestraft, der seinen Namen missbraucht.

Dtn 6,4–9

⁴ Höre, Israel! Jahwe, unser Gott, Jahwe ist einzig. ⁵ Darum sollst du den Herrn, deinen Gott, lieben mit ganzem Herzen, mit ganzer Seele und mit ganzer Kraft.
⁶ Diese Worte, auf die ich dich heute verpflichte, sollen auf deinem Herzen geschrieben stehen. ⁷ Du sollst sie deinen Söhnen wiederholen. Du sollst von ihnen reden, wenn du zu Hause sitzt und wenn du auf der Straße gehst, wenn du dich schlafen legst und wenn du aufstehst. ⁸ Du sollst sie als Zeichen um das Handgelenk binden. Sie sollen zum Schmuck auf deiner Stirn werden. ⁹ Du sollst sie auf die Türpfosten deines Hauses und in deine Stadttore schreiben.

DAS SCHᵉMA ISRAEL

■ Seit über dreitausend Jahren bis heute sprechen Juden das Schᵉma-Israel beim persönlichen Morgen- und Abendgebet, beim Gebet in der Synagoge und bei allen wichtigen Anlässen von der frühesten Kindheit an bis zum Sterben. Aus diesem Grund fügen sie die ersten Sätze aus Dtn 6 in eine Kapsel ein, in die Mesusa, die sie in Augenhöhe an den Türrahmen ihrer Haus-, Wohnungs- und Zimmertüren anbringen. So haben sie diese Worte buchstäblich immer vor Augen.

■ Der für die Mesusa bestimmte Teil des Schᵉma Israel wird von speziell ausgebildeten frommen Juden unter Gebeten auf Pergament geschrieben. Nur so ist er koscher, rituell zulässig. Er stimmt auf das Genaueste mit Millionen gleicher handgeschriebener Exemplare überein und ist doch – wie ein Fingerabdruck – jedes Mal ein Unikat. Niemals wird man in einer Mesusa an den Türen gläubiger Juden einen bloß gedruckten oder fotokopierten Text finden.

Der Text für die Mesusa umfasst die ersten zwei Abschnitte des Schᵉma Israel.

Die Bedeutung des Schᵉma Israel für Christen

■ Jesus wird von einem ausgewiesenen Kenner der Heiligen Schrift zur Rede gestellt und gefragt, welches Gebot denn das wichtigste sei. Er antwortet mit eben diesen Worten: »Höre, Israel, Jahwe, unser Gott, Jahwe ist einzig. Darum sollst du den Herrn, deinen Gott, lieben mit ganzem Herzen und mit ganzer Seele und mit all deiner Kraft« (Mk 12,28–31; Mt 22,35–40).

■ Das Schᵉma Israel ist als Mitte des Glaubens Jesu Christi anzusehen. Es beschreibt damit auch den Kern des Glaubens aller Christen.

Mesusa mit eingerolltem Text

5 SYMBOLISCHE DARSTELLUNGEN FÜR GOTTES GEGENWART UND HANDELN

■ Das Erste Testament betont nachdrücklich das Bilderverbot. Jeder Versuch eines magischen Zugriffs auf den Gott Israels soll von Vornherein unmöglich gemacht sein. Beispiele aus der bildenden Kunst zeigen, dass die Befolgung dieses Verbots im Judentum und im Christentum zu kreativen und spirituell anregenden Lösungen führen kann.

■ Die folgenden Bilder wären missverstanden, sähe man sie als »Darstellungen Gottes« an; sie sind aus der Intention entstanden, die Nähe und das Wirken Gottes anzuzeigen.

■ Das vielleicht am häufigsten dafür eingesetzte Zeichen ist die »Hand Gottes«. Sie kann aus dem Himmel oder aus dem Regenbogen Noachs reichen oder – Hochform eines Meditationsbildes – sich einladend aus einem Lichtkreis mit den Symbolfarben der Trinität den Menschen entgegenstrecken. Zeitgenössische Künstler (z. B. Max Hunziker, Walter Habdank – hier ohne Abbildungen) legen die Hände Gottes um einen Betenden oder betten den Kopf des Beters in eine Hand Gottes. Wie der Blick in eine Bibel-Konkordanz zeigt, gibt es überaus zahlreiche Belege für die Verwendung dieses Sprachbildes (▶ S. 24).

■ Beim »brennenden Dornbusch« (Ex 3,2) ist das entscheidende Bild für die Nähe Gottes das Feuer bzw. die Flamme. Es begegnet auch bei anderen Gotteserscheinungen (z. B. Ex 19,18; 24,17; Dtn 33,2), bei der Darbringung von Opfern (Gen 15,17; Lev 9,24; 1 Kön 18,23–24) und im Bild von der nächtlichen Feuersäule, die das Volk begleitet (Ex 13,21) (▶ S. 26).

■ Auf biblische Texte, vor allem auf die Psalmen, gehen auch die Bilder vom umhüllenden Licht (z. B. Ps 27,1; 36,10; 104,2; viele Belege auch im Buch Ijob) und von den bergenden Flügeln (Ps 17,8; 91,4) zurück. Hierhin gehören auch die Bilder von den Kerubim über der Bundeslade (1 Kön 6,23–28) (▶ S. 26).

■ Die Wolke als Erscheinungssymbol Gottes (bes. Ex 16,10; 20,21; 40,34–38) begegnet auch im Neuen Testament bei der Verklärung Jesu (Mt 17,5 par) und ist wohl auch bei der Schilderung der Aufnahme Jesu in den Himmel (Apg 1,9) so zu verstehen (▶ S. 26).

■ Im Zusammenhang mit der Betrachtung dieser Bilder ist ein Ausgriff auf die Frage nach Gott in unserer Zeit angeraten. Es ist nicht nur eine Reaktion auf die gegenwärtige Gotteskrise, sondern auch ein Versuch, das Unfassliche Gottes zu respektieren, wenn zeitgenössische Künstler jede figürliche Darstellung ablehnen und zur Farbsymbolik und zu monochromen Gemälden finden, z. B. das Gemälde von Barnett Newman: Be II, S. 47.

Hand Gottes über Mose am Dornbusch
Synagoge von Dura Europos, Syrien,
Fresko, um 245

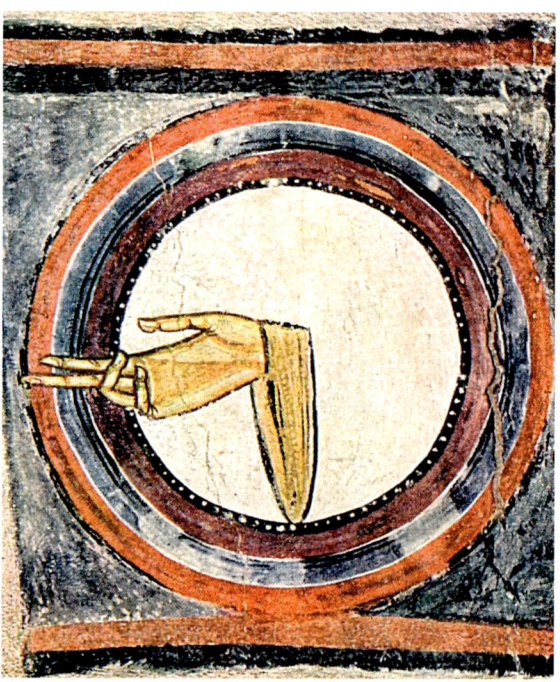

Hand Gottes, Kreis und Licht
Sant Climent von Taüll, Katalonien, Fresko, 1123

Vorherziehende Feuersäule
Byzantinische Miniatur, 12. Jh.

Kreis und Licht
Hildegard von Bingen, Sci-Vias-Codex, 1151/1179

Die Lade des Bundes in
Bundeszelt und Tempel
Watopédi-Oktateuch,
Athos, 13. Jh.

■ Für das »Wohnen Jahwes« bei seinem Volk gebraucht das Judentum den Ausdruck *Schechina*. Er kommt erst nach der Zerstörung des Tempels (70 n. Chr.)
bei den Rabbinen auf. Er besagt, dass Jahwe immer mit seinem Volk zieht und
auch im Exil anwesend ist: Jahwe als der Mit-Gehende und Mit-Seiende.

Wasser aus dem
Felsen
Watopédi-Oktateuch,
Athos, 13. Jh.

■ Die Erzählung Ex 17,1–7 läuft auf die existenzielle Frage Israels zu: »Ist Jahwe
in unserer Mitte oder nicht?« Einer rabbinischen Legende nach zieht Jahwe als
wasserspendender Fels mit dem Volk von Ort zu Ort (Traktat Sukka 3,11 ff.).
Nach Jer 2,13 ist Jahwe die Quelle lebendigen Wassers.
Joh 4,14 (Samariterin am Jakobsbrunnen) und Joh 7,37–38 (Laubhüttenfest in
Jerusalem) wenden dieses Bild auf Jesus an.

Symbolische Darstellungen für Gottes Gegenwart und Handeln

Umflutendes Licht
Mose erhält die Tora,
Sarajevo-Haggadah,
14. Jh.

Tetragramm JHWH, Wolke und Lichtstrahlen
Kasel, St. Martini, Emmerich, 17. Jh.

Bekrönte Engelsflügel
Marc Chagall, Der Engel JHWHs (Ps 34,8),
1956–1960

6 NOT UND ELEND DER GOTTESBILDER

■ Bis ins Mittelalter hinein beachtete man das biblische Gebot, sich kein Bildnis von Gott zu schaffen. Man vertraute der Aussagekraft der bisher bekannten Symbole, z. B. der »Hand Gottes«. Dann nahm die bildende Kunst das Paulus-Wort von 2 Kor 4,6 auf, dass wir Gottes Herrlichkeit auf dem Antlitz Jesu Christi erkennen können. Wenig später setzte sich das Bedürfnis durch, Gott selbst in seiner Allmacht und als Vater Jesu darzustellen (▶ S. 28).

■ Der Künstler, der die Archivolten der Kathedrale in Chartre Nordportals geschaffen hat, wollte nicht einfach nur den Schöpfungszyklus vor Augen führen, er gab ihm eine christologische Deutung. Die Gläubigen sind durch Christus zu »Neugeschaffenen« geworden und haben damit Zugang zur Feier der Versöhnung mit Gott in der Kathedrale. Werke wie diese stehen an der Schwelle zu Kunstwerken, die den allmächtigen Gott selbst, den Vater und trinitarischen Gott darstellen.

■ So kommt der Mut auf, gegen das Bilderverbot des Ersten Testaments zu handeln. Christliche Künstler – sicher oft an entsprechende kirchliche Aufträge gebunden – thematisieren Gott als König und Richter und statten ihn mit den Attributen geistlicher und weltlicher Macht aus. In Anlehnung an Dan 7 bilden sie ihn als »uralten Weisen« ab (▶ S. 29).

■ Seuchen, Krankheiten, Kriege und die Verarmung der städtischen Bevölkerung bewegen dazu, die Passion Jesu den Menschen als Identifikations-Angebot und Deute-Hilfe anzubieten und Gott als denjenigen herauszustellen, der seinen Sohn für sie dahingab (▶ S. 30).

■ Der kräftige leibfreundliche Impuls der Renaissance kann sich auf Dauer nicht behaupten. Bilder des 19. und 20. Jahrhunderts zeigen häufig einen der Welt entrückten greisen Gott auf (▶ S. 31).

■ Hier kann nicht die Frage beantwortet werden, inwieweit liturgische Texte und Lieder, Predigt und Katechese zur Entwicklung eines solchen Gottesbildes beigetragen haben. Tatsache ist, dass es sich Angst erregend und krankmachend auf viele Menschen ausgewirkt hat. Oder Gläubige dazu verführte, mit Gott durch Verträge und gute Taten »handelseinig« zu werden und ihn im Übrigen guten Gewissens »einen alten Mann sein zu lassen«.

GOTT MIT DEM GESICHT CHRISTI

■ Die Darstellungen beziehen sich zuerst auf Gott als den Schöpfer der Welt und des Menschen. Gott trägt – in Anspielung an 2 Kor 4,6 – die Gesichtszüge Christi:

⁶ Denn Gott, der sprach: Aus Finsternis soll Licht aufleuchten!, er ist in unseren Herzen aufgeleuchtet, damit wir erleuchtet werden zur Erkenntnis des göttlichen Glanzes auf dem Antlitz Christi.

▶ Das Kreuz im Nimbus unterstreicht, dass das Erkennen Gottes über Christus erfolgt. Zugleich spricht der ganze Schöpfungszyklus über dem Nordportal ein Weiteres an: In und durch Christus sind wir eine neue Schöpfung – und haben so Zugang zu den Mysterien, die im Inneren der Kathedrale gefeiert werden.

Erschaffung Adams

2. Kor 5,17–18

¹⁷ Wenn also jemand in Christus ist, dann ist er eine neue Schöpfung: Das Alte ist vergangen, Neues ist geworden. ¹⁸ Aber das alles kommt von Gott, der uns durch Christus mit sich versöhnt und uns den Dienst der Versöhnung aufgetragen hat.

Christus mit Adam
Kathedrale von Chartres, Archivolten des Nordportals, 13. Jh.

◀ Über die theologische Aussage hinaus verfügen beide Skulpturen über eine starke spirituelle Aussage. Die zärtlichen Hände Christi lassen seine Gedanken in den neu geschaffenen Menschen hinüberfließen. Das andere Bild betont, wie sehr sich Christus vor Adam stellt, ihn gewissermaßen bekleidet, und wie sehr beide mit gleicher Blickrichtung miteinander verbunden und nahezu eins sind.

■ Zahllose Künstler haben seit dem Mittelalter diesen Weg gewählt, bei Darstellungen Gottes ihm die Gesichtszüge Christi zu geben.

GOTTVATER AUF DEM THRON

■ Weitreichende Bedeutung für die Ikonographie Gottes erlangte seit dem 12. Jh. eine Vision, die im Buch Daniel (entstanden im 2. Jh. v. Chr.) geschildert wird:

Dan 7,9.13–14

⁹ Ich sah immer noch hin; da wurden Throne aufgestellt, und ein Hochbetagter nahm Platz. Sein Gewand war weiß wie Schnee, sein Haar wie reine Wolle. Feuerflammen waren sein Thron, und dessen Räder waren loderndes Feuer. […]
¹³ Immer noch hatte ich die nächtlichen Visionen: Da kam mit den Wolken des Himmels einer wie ein Menschensohn. Er gelangte bis zu dem Hochbetagten und wurde vor ihn geführt. ¹⁴ Ihm wurden Herrschaft, Würde und Königtum gegeben. Alle Völker, Nationen und Sprachen müssen ihm dienen. Seine Herrschaft ist eine ewige, unvergängliche Herrschaft. Sein Reich geht niemals unter.

■ Der »Hochbetagte« (wörtlich »der an Tagen Alte«) ist eine einmalige Bezeichnung Gottes im Ersten Testament. Sie spricht Gottes Ewigkeit an – und nicht »sein Alter«, wurde aber in gerade diesem Sinne missverstanden – so sehr, dass bis heute für viele Menschen Gott nicht anders vorstellbar ist denn als »alter Mann mit langem Bart«.

■ Kirche und Theologie projizieren männliches und hierarchisches Denken auf Gott. Dementsprechend wird er in ihren Bildern und Skulpturen mit den Insignien geistlicher und weltlicher Macht dargestellt. Im Umkehrschluss behaupten die Herrschenden, ihre Macht von Gott erhalten zu haben und sie in seiner Vollmacht auszuüben. Nur im Idealfall schwingt ein Verständnis von Macht mit, das sie als eine geliehene ansieht, die vor Gott und Menschen immer wieder neu zu rechtfertigen ist.

Gott als Richter
Detail aus dem Weltgericht
Waltensburger Meister, Kirche Waltensburg /
Graubünden, um 1340

Thronender Gottvater mit Tiara und Sphaira
(»Weltkugel«)
Les Très Belles Heures du Duc de Berry, 15. Jh.

Dreifaltigkeit, Passionsmotiv im Stil des »Gnaden-
stuhls«, als Andachtsbild verbreitet,
Frankreich, vermutlich 14. Jh.

Gott schaut auf die klagende Maria über dem
erstarrten Leichnam Jesu
Stundenbuch von Rohan, um 1430–1435

Michelangelo (1475–1564), Erschaffung Adams, Sixtina, Rom 1510

▲ Gott als mitleidender Alter und als hilflos mitleidender Zuschauer oben … Von kraftvoll-dyna-
mischer Explosivität dagegen hier der Schöpfer-
Gott Michelangelos aus der Sixtinischen Kapelle.
Spätere »dogmatische« Darstellungen erreichen
nicht annähernd diese Wucht – und schon gar
nicht diese »göttliche Zärtlichkeit«. Man beachte
das Zueinander der Finger Gottes und Adams sowie die Eva nahe dem Herzen des sie umarmen-
den Gottes!

Gott als Schöpfer des Himmels und der Erde
Julius Schnorr von Carolsfeld (1794–1872),
Die Bibel in Bildern, 1860

Gottes Verheißung an Abraham
Basilika Kevelaer, 1891–1922

▲ Dies sind Darstellungen Gottes, die sich mit verhängnisvollen Folgen in das Gedächtnis früherer Generationen eingebrannt haben. Kinder und Jugendliche wurden durch solche Bilder ihrer Vorstellungskraft beraubt und auf Unsägliches festgelegt. Der schöpferische, lebensbejahende, freiheitsliebende, herausfordernde, frohe und junge Gott des Ersten Testament – der Gott Jesu! – wurde in der religiösen Biografie vieler zu einem übermächtigen, lebensfernen, missgünstigen, kleinlichen, zynischen und krank machenden Alten, den man nicht wirklich lieben konnte, sicherlich aber fürchten musste.

▼ Treffliche Reaktion des Karikaturisten auf solche »Gottes-Bilder«

Heiner H. Hoier, »Mein Gott, ist das langweilig!«, 1986

Gott als Himmelspapa

Gott als Henker

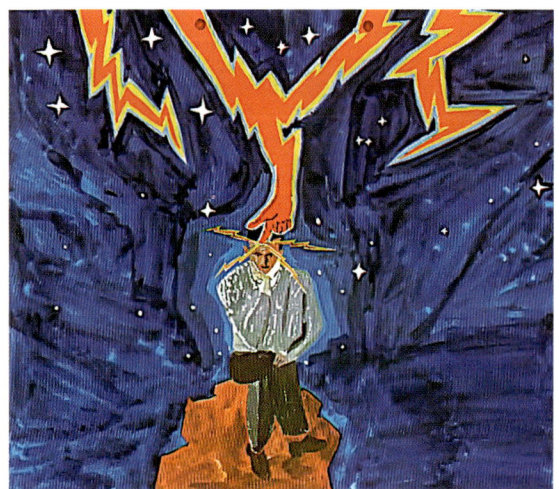

Gottes Blitzehand

Malereien ungenannter Patienten und Patientinnen, in:
Jolande Jacobi, Vom Bilderreich der Seele, Olten
1989, 208, 212, 214, 215.

Gott als Buchhalter

GOTT AUS EIGENNUTZ

Hans-Georg Rauch,
Kuscheltier, 1992

Meister Eckehart:
Worauf du dein Streben richtest

Aber manche Leute wollen Gott mit den Augen ansehen, mit denen sie eine Kuh ansehen, und wollen Gott lieben, wie sie eine Kuh lieben. Die liebst du wegen der Milch und des Käses und deines eigenen Nutzens. So halten's alle jene Leute, die Gott um äußeren Reichtums oder inneren Trostes willen lieben; die aber lieben Gott nicht recht, sondern sie lieben ihren Eigennutz. Ja, ich sage bei der Wahrheit: Alles, worauf du dein Streben richtest, was nicht Gott in sich selbst ist, das kann niemals so gut sein, dass es dir nicht ein Hindernis für die höchste Wahrheit ist.

Meister Eckehart (um 1260–1328). – In: Josef Quint (Hg.), Meister Eckehart. Deutsche Predigten und Traktate, München 1963, 227.

Hubertus Halbfas (geb. 1932), Der Sprung in den Brunnen. Eine Gebetsschule, Düsseldorf 1981, 70–71.

Hubertus Halbfas:
Was man alles mit Gott machen kann

Man kann Gott verantwortlich machen für Hunger und Elend.
Man kann Gott leugnen, weil er sich nicht sehen lässt und Unglück nicht verhindert.
Man kann Gott mieten zu besonderen Anlässen: Er dient der Feierlichkeit und fördert den Umsatz.
Man kann Gott nur für sich haben wollen und anderen – besonders Andersdenkenden – Gott absprechen.
Man kann Gott für die eigene Macht gebrauchen, indem man sagt, alle Autorität komme von Gott.
Man kann im Namen Gottes Kriege führen, Menschen verdammen und töten und sagen, das sei Gottes Wille.
Man kann mit dem Ruf »Gott will es!« Angriffe als »Kreuzzüge« tarnen und auf Soldatenuniformen »Gott mit uns« schreiben.
Das alles aber ist gott-los. Man kann mit Gott nichts »machen«, weder ihn gebrauchen noch ausnutzen, denn Gott ist Liebe, und daran hat nur Anteil, wer diese Liebe in sich selbst groß werden lässt.

Not und Elend der Gottesbilder

7 GOTT – UNTERSCHLAGENE WEIBLICHE UND MÜTTERLICHE ASPEKTE

■ Viele auf Gott bezogene biblische Begriffe können sowohl männlich-väterlich als auch weiblich-mütterlich aufgefasst werden. Das trifft z.B. für Leben, Liebe, Schutz, Geborgenheit, Rettung, Ernährung, Erbarmen und auf die entsprechenden Verben zu. Das Problem: Vorherrschendes patriarchalisches Denken verdrängt in Sprache und Vorstellung solche innere Polarität auf Kosten und zu Lasten des Weiblichen. Man spricht aus männlicher Sicht von Gott als dem Schöpfer, Ernährer, Beschützer usw. und blendet das Weiblich-Mütterliche aus. In der Folge nimmt dies dem biblischen Gottesbegriff seine Weite und im konkreten Leben vielen Frauen (und Männern) das Vertrauen, sich in Schmerz und Lust, in Trauer und Freude an Gott zu wenden.

■ Exemplarisch zeigt das Motiv der Schutzmantelmadonna, dass existenzielle Not und Angst dazu motivieren, sich an Maria zu wenden und bei ihr Hilfe in schwierigen Situationen und Schutz vor dem strafenden Gott zu suchen. Beim Aufkommen dieses Motivs war es vor allem die Pest, die als Züchtigung durch Gott gedeutet wurde. Später galt jedes Unglück als Strafe Gottes. Vor dem schrecklichen, drohenden Gott flüchten die Menschen zu Maria. Sie wird zur Fürsprecherin, zur Mittlerin, sogar zur Miterlöserin (▶ S. 36).

■ Die Aufgabe besteht darin, die weibliche und mütterliche Seite Gottes wieder zu entdecken, sie bewusst und spirituell wie praktisch-theologisch fruchtbar zu machen. Einige ausgesuchte Bibelzitate können ein erster Einstieg dazu sein (▶ S. 37 f.).

■ Bemerkenswert ist in diesem Zusammenhang die theologische und künstlerische Auseinandersetzung mit der Weisheitsliteratur des Ersten Testaments. Im lateinischen Westen entschied man sich nach anfänglicher Nähe zur Theologie des Ostens, Gott vor allem als männlichen »hochbetagten Weisen« zu verehren (vgl. Dan 7,9-14) und den Weisheitsbegriff in erster Linie mit dem Wissen und Erkennen der Menschen zu verknüpfen.

■ Der griechische Osten blieb dagegen mehr den Vorstellungen des Ersten Testament verbunden. Die Weisheit, personifiziert und weiblich gedacht, wird von Gott allein erkannt; sie ist vor den Menschen verhüllt und ihnen unzugänglich (vgl. u.a. Ijob 28,1-23). Ihr werden oft dieselben Wirkungen wie dem Geist Gottes zugeschrieben. »Sie ist Hauch der Kraft Gottes«, »Bild ihrer Vollkommenheit«, »ohne sich zu ändern erneuert sie alles« (vgl. Weish 7,22-8,1). Ihre Wirksamkeit ist die Wirksamkeit Gottes selbst.

■ Entsprechend wird die Weisheit / Sophia in der griechischen und russischen Orthodoxie als Vergegenwärtigung Gottes personifiziert und verehrt. Das großartigste Zeugnis ist dafür die unter Kaiser Justinian I. errichtete und 537 eingeweihte »Kirche der göttlichen Weisheit / Hagia Sophia« in Konstantinopel. Ikonen und Wandmalereien stellen die göttliche Sophia teils als androgyne, teils als weibliche Gestalt dar (▶ S. 39).

KEIN AUSWEG:
Marienverehrung statt Gottesverehrung

■ In Reaktion auf das in der Kirche gepflegte einseitig männliche Gottesbild – »Gott als Vater und Mann« – hat die unbewusst vorhandene Sehnsucht nach einem weiblichen zu einer Marienverehrung geführt, die häufig den »männlichen Gott« in den Hintergrund verdrängte.

■ Gefördert wurde diese Entwicklung durch die Tatsache, dass Theologie und Verkündigung seit dem 8. Jh. zunehmend die Göttlichkeit Jesu herausstellten und sein Menschsein unterschätzten. Die Rolle Jesu als Mittler zwischen Gott und Menschen geriet damit zumindest beim »einfachen Volk« aus dem Blick. Als Mittlerin und Fürsprecherin sprach es (und spricht es) in der Folge immer entschiedener Maria an.

▼ Diese Darstellung aus einem Stundenbuch der Anne de Bretagne zeigt Maria nahezu als Repräsentantin Gottes. Und es sind ausschließlich Männer, die sie – und hier nur über sie: Gott – verehren.

Maria als Himmelskönigin, verehrt von den Aposteln und anderen Heiligen
Stundenbuch der Anne de Bretagne, Nordfrankreich, um 1503

Gott – unterschlagene weibliche und mütterliche Aspekte

Jan Polack (um 1435 / 50–1519), Schutzmantelmadonna der Familie Sänftl, 1500

▲ Die Beischrift lautet: »Du, die du allein den Zorn der ewigen Macht abwenden kannst, o göttliche (!) Jungfrau, schütze uns mit deinem Mantel.«

Schutzmantelmadonna

▶ Maria birgt unter ihrem von drei Engeln getragenen Mantel auf ihrer rechten Seite die kirchlichen und weltlichen Stände, auf ihrer linken Seite das Stifter-Ehepaar und einfache Leute. Mit ihrer rechten Hand verweist sie auf ihre Brust, ein Gott zugedachter Gestus der Beschwichtigung. Am Bildrand neben ihr kniet Jesus als Auferstandener auf dem geöffneten Sarkophag, aber noch versehen mit den Zeichen seines Leidens. Auch er sucht mit dem Zeigen seiner Seitenwunde Gott zu besänftigen. Ebenfalls als Fürbittende erscheinen Mose und David vor Gott. Dieser hat bereits einige blitzartige Pfeile abgeschossen, die an der fürbittenden Maria abprallen, ist aber kurz davor, einen neu aufgelegten Pfeil abzuschicken.

Simon von Taisten (um 1450 – um 1515), Schutzmantelmadonna in Schloss Bruck in Lienz, 1480/90

WEIBLICHE GOTTESBILDER DER BIBEL

Akzentuierte Mütterlichkeit Gottes

Jes 49,10b.14–15
[10] Er leitet sie voll Erbarmen und führt sie zu sprudelnden Quellen. [14] Doch Zion sagt: Jahwe hat mich verlassen, Gott hat mich vergessen. [15] Kann denn eine Frau ihr Kindlein vergessen, eine Mutter ihren leiblichen Sohn?

■ Das hebräische Wort für »Erbarmen« *(rahamim)* ist vom Wortstamm her mit dem Wort »Gebärmutter« verwandt. Was die Einheitsübersetzung mit »Kindlein« wiedergibt, heißt im Hebräischen genauer »Säugling«.

Jes 66,12a.13a
So spricht Jahwe: Wie eine Mutter ihren Sohn tröstet, so tröste ich euch.

Hos 11,1–4
[1] Als Israel jung war, gewann ich ihn lieb, ich rief meinen Sohn aus Ägypten. [2] Je mehr ich sie rief, desto mehr liefen sie von mir weg. Sie opferten den Baalen und brachten den Götterbildern Rauchopfer dar. [3] Ich war es, der Efraim gehen lehrte, ich nahm ihn auf meine Arme. Sie aber haben nicht erkannt, dass ich sie heilen wollte. [4] Mit menschlichen Fesseln zog ich sie an mich, mit den Ketten der Liebe. Ich war da für sie wie die (Eltern), die den Säugling an ihre Wangen heben. Ich neigte mich ihm zu und gab ihm zu essen.

■ Die Einheitsübersetzung fügt in den Text »Eltern« ein. Sinnvoller kann man einsetzen »Mütter«. Sie sind es ja zuerst, die den Säugling an die Wangen heben und ihm »zu essen«, sprich: ihre Brust geben.

Schaffenskraft Gottes

Gen 1,1–2
[1] Im Anfang schuf Gott Himmel und Erde; [2] die Erde aber war wüst und wirr, Finsternis lag über der Urflut, und Gottes Geist *(Ruach Elohim)* schwebte über dem Wasser.

Ps 104,29–30
[29] Verbirgst du dein Gesicht, sind sie verstört; nimmst du ihnen den Atem, so schwinden sie hin und kehren zurück zum Staub der Erde. [30] Sendest du deinen Geist aus, so werden sie alle erschaffen, und du erneuerst das Antlitz der Erde.

■ Vor allem Gen 1,2 wird aus der Sicht feministischer Theologie oft zitiert, weil das hebräische Wort *Ruach* weiblich ist und mit dem deutschen männlichen Wort »Geist« sehr unzureichend wiedergegeben wird. *Ruach* bezeichnet in Verbindung mit Gott seinen schöpferischen »Hauch«, den »Lebensatem«, den »Odem« Gottes. Aus diesem geht die ganze Schöpfung hervor, von diesem wird der Mensch »beatmet und beseelt« (vgl. Gen 2,7), ihn gibt der Sterbende in Gottes Hände zurück. Lautmalerisch kommt das deutsche Wort »Hauch« dem hebräischen *Ruach* am nächsten, aber spezifisch »weiblich« ist es nicht. Die »Bibel in gerechter Sprache« (2006) übersetzt *Ruach* mit »Geistkraft«.

Gott – unterschlagene weibliche und mütterliche Aspekte

Gott als mütterlicher und väterlicher Schutz – Beispiele aus den Psalmen

Ps 17,7–8
[7] Wunderbar erweise deine Huld. Du rettest alle, die sich an deiner Rechten vor den Feinden bergen. [8] Behüte mich wie den Augapfel, den Stern des Auges. Birg mich im Schatten deiner Flügel.

Ps 22,10–11
[10] Du bist es, der mich aus dem Schoß meiner Mutter zog, mich barg an der Brust der Mutter. [11] Von Geburt an bin ich geworfen auf dich, vom Mutterleib an bist du mein Gott.

Ps 61,5
[5] In deinem Zelt möchte ich Gast sein auf ewig, mich bergen im Schutz deiner Flügel.

Ps 71,5–6
[5] Herr [JHWH], mein Gott, du bist ja meine Zuversicht, meine Hoffnung von Jugend auf. [6] Vom Mutterleib an stütze ich mich auf dich, vom Mutterschoß an bist du mein Beschützer. Dir gilt mein Lobpreis allezeit.

Archetypische Bilder mit mütterlichen, lebensspendenden Anspielungen

Ex 33,18–23 und 34,6
Mose bittet Jahwe, seine Herrlichkeit und sein Angesicht sehen zu dürfen. Gott stellt ihn in eine Felsspalte, hält seine Hand über ihn und zieht an ihm vorüber. Mose darf nur Gottes Rücken sehen.

1 Kön 19,9–15a
Gott ruft Elija aus der Höhle am Gottesberg Horeb und schickt ihn von Neuem auf seinen Weg.

Ex 17,1–7
Mose schlägt auf Jahwes Geheiß »Wasser aus dem Felsen«, das zum Beweis für die Gegenwart Gottes in der Mitte seines Volkes wird.

Joh 4,10
Jesus wird nach diesem Bild von Ex 17 als der bezeichnet, der »lebendiges Wasser« schenkt.

■ Höhlen, Felsspalten, Brunnen, Quellen, sprudelndes Wasser aus der Tiefe … sind starke archetypische Bilder der schöpferischen Weiblichkeit. Mit Höhlen und mit dem Heraustreten aus ihnen ist der Vorstellungshorizont des Geboren-Werdens gegeben.
1 Kön 19 schildert untergründig das Erwachsen-Werden des Elija. Er, der zuvor in der Wüste verzweifeln und sterben wollte, wird von Gott zu neuem Auftrag befähigt und »in die Welt gesetzt«. Ganz ähnlich handelt Gott an Jona, den er nach drei »vorgeburtlichen« Tagen in der Unterwelt vom Fisch wieder ans Land setzen lässt (Jon 2). Joh 3,5–8 spricht von der notwendigen zweiten Geburt in das Reich Gottes – Vers 8 ist ein deutlicher Hinweis auf die Kraft der weiblichen »wehenden Ruach«.

SOPHIA – DIE GÖTTLICHE WEISHEIT

Sophia
Russische Ikone, Nowgorod, 16. Jh.
◄ vollständige Abbildung und Detail ▼

■ Die von einer Mandorla umgebene thronende Gestalt trägt eine Krone und Flügel, ist in ein liturgisches Gewand gekleidet und hält einen Stab und eine Schriftrolle in Händen. Ihre Füße ruhen auf der Weltkugel. Links neben ihr steht Maria mit dem Christus-Emanuel-Motiv in einem Medaillon, rechts Johannes der Täufer mit einer Schriftrolle.

Über der Sophia ist in einer Mandorla Christus in der Glorie zu sehen. Darüber flankieren sechs Engel einen Thron, auf dem ein Buch liegt. Das deutet auf den zum Weltgericht wiederkehrenden Christus hin, bei dessen Kommen das Buch des Lebens geöffnet wird (Offb 20,12). Die auffallende rote Farbe von Körper und Gewand symbolisiert den Geist und das Wirken Gottes. Alles zusammen genommen steht das Bild also für den trinitarischen Gott: »Christus, Gottes Kraft und Gottes Weisheit« (1 Kor 1,24).

8 DIE EXISTENZIELLE HERAUSFORDERUNG: GOTT DENKEN OHNE BILD UND SPRACHE

■ Der Mensch kann mit der ihm gesetzten Begrenztheit Gott weder bildlich noch begrifflich angemessen erfassen. Hält man sich an Ex 33, so begründen aber nicht Gottes Überzeitlichkeit und Allmacht dieses Nicht-Verhältnis, sondern seine Schönheit und Nähe. Die Unmöglichkeit, Gott zu schauen und in Worte zu fassen, führt zum Verzicht auf jede vorschnelle Rede über »ihn«.

■ Das Verhältnis der Menschen zur Unfasslichkeit Gottes wird in Ex 33,12–23 beschrieben. Von Mose geht eine geradezu erpresserische Vertrautheit und Zuversicht Gott gegenüber aus und die unerhörte Bitte: »Lass mich deine Herrlichkeit sehen!« Er verlangt Unmögliches, weil der Mensch Gottes unmittelbare Nähe einfach nicht ertragen kann (▶ S. 41).

■ Ginge es darum, alle uns bekannten »Namen« und Eigenschaften Gottes aufzählen zu sollen – wer käme darauf, als Erstes Gottes verzehrende »ganze Schönheit« zu nennen? Eine Fehlstelle in unserer Frage nach Gott, dessen Schönheit (unter dem Begriff der Herrlichkeit) in der Liturgie so oft gepriesen wird. Gottes Schönheit ist der erste Grund dafür, dass wir auf Bilder und Begriffe für ihn umso mehr verzichten müssen, je mehr wir von ihm »wissen«.

■ Enzo Cucchis Zeichnung hebt hervor, dass sich das Heilige nicht heben lässt und aus Ehrfurcht nicht berührt werden darf. Die Installation »AL-TIRA« von Katarina Veldhues und Gottfried Schumacher bedient sich der hebräischen Schrift »als Bild«, um die an entscheidenden Stellen der Bibel mit Gottes Anruf verbundene Ermutigung zu hören: »Nicht fürchte dich!« (vgl. bes. Gen 15,1; Lk 1,30; Mt 28,5.10) (▶ S. 41).

■ Rainer Maria Rilke und Ludwig Wittgenstein sprechen den Verzicht aus, Gott in Worten oder begrifflich zu fassen (▶ S. 42).

■ Hermann Broch zeigt mit einer dichten Zusammenfassung biblischer Zitate die spannende Gleichzeitigkeit von Gottesnähe und Gottesferne. Das Bundeszelt – Ort der *Schechina,* der Einwohnung Gottes bei den Menschen – befindet sich nach Ex 33,7 außerhalb des Lagers. Die Größe und Unverfügbarkeit Gottes sollen dadurch erkennbar und jede ehrfurchtslose Gleichmacherei mit Gott von Seiten der Menschen unmöglich gemacht werden (▶ S. 43).

■ Ernst Eggimann verfasst mit Blick auf Ps 19 – »die Himmel rühmen die Herrlichkeit Gottes« – und auf das ICH-BIN-DA-Zitat von Ex 3,14 einen Lobpreis Gottes durch Verneinung alles dessen, was Menschen ehrfurchtslos und berechnend mit Gott und aus Gott zu machen versucht haben (▶ S. 44).

HEILIGES SEHEN?

Ex 33,12–23

¹² Mose sagte zum Herrn: Du sagst zwar zu mir: Führe dieses Volk hinauf! Du hast mich aber nicht wissen lassen, wen du mitschickst. Du hast doch gesagt: Ich kenne deinen Namen und habe dir meine Gnade geschenkt. ¹³ Wenn ich aber wirklich deine Gnade gefunden habe, so lass mich doch deinen Weg wissen! Dann werde ich dich erkennen, und es wird sich bestätigen, dass ich deine Gnade gefunden habe. Sieh diese Leute an: Es ist doch dein Volk!
¹⁴ Der Herr antwortete: Mein Angesicht wird mitgehen, bis ich dir Ruhe verschafft habe. ¹⁵ Mose entgegnete dem Herrn: Wenn dein Angesicht nicht mitgeht, dann führe uns lieber nicht von hier hinauf! ¹⁶ Woran soll man erkennen, dass ich zusammen mit deinem Volk deine Gnade gefunden habe? Doch wohl daran, dass du mit uns ziehst. Und dann werden wir, ich und dein Volk, vor allen Völkern auf der Erde ausgezeichnet werden. ¹⁷ Der Herr erwiderte Mose: Auch das, was du jetzt verlangt hast, will ich tun; denn du hast nun einmal meine Gnade gefunden, und ich kenne dich mit Namen.
¹⁸ Dann sagte Mose: Lass mich doch deine Herrlichkeit sehen! ¹⁹ Der Herr gab zur Antwort: Ich will meine ganze Schönheit vor dir vorüberziehen lassen und den Namen des Herrn vor dir ausrufen. Ich gewähre Gnade, wem ich will, und ich schenke Erbarmen, wem ich will. ²⁰ Weiter sprach er: Du kannst mein Angesicht nicht sehen; denn kein Mensch kann mich sehen und am Leben bleiben. ²¹ Dann sprach der Herr: Hier, diese Stelle da! Stell dich an diesen Felsen! ²² Wenn meine Herrlichkeit vorüberzieht, stelle ich dich in den Felsspalt und halte meine Hand über dich, bis ich vorüber bin. ²³ Dann ziehe ich meine Hand zurück, und du wirst meinen Rücken sehen. Mein Angesicht aber kann niemand sehen.

Enzo Cucchi (geb. 1949)
Es ist etwas Heiliges zwischen den Händen, 1982

Katarina Veldhues / Gottfried Schumacher (beide geb. 1956)
AL-TIRA – Licht-Installation während der Documenta XII (2007) an der Altarwand der Elisabethkirche, Kassel

■ Die Wendung »AL-TIRA = Nicht fürchte dich« begegnet in der Bibel zuerst in Gen 15,1 in der Gottesoffenbarung beim Bundesschluss mit Abraham – und dann immer wieder an entscheidenden Stellen der Heilsgeschichte.

Die existenzielle Herausforderung: Gott denken ohne Bild und Sprache

NICHT-SPRACHE, NICHT-RAUM

Rainer Maria Rilke

Alle, welche dich suchen, versuchen dich.
Und die, so dich finden, binden dich
an Bild und Gebärde.

Ich aber will dich begreifen
wie dich die Erde begreift:
mit meinem Reifen
reift
dein Reich.

Ich will von dir keine Eitelkeit,
die dich beweist.

Ich weiß, dass die Zeit
anders heißt
als du.

Tu mir kein Wunder zulieb.
Gieb deinen Gesetzen recht,
die von Geschlecht zu Geschlecht
sichtbarer sind.

Rainer Maria Rilke (1875–1926), in: Das Stunden-
Buch. Das Buch von der Pilgerschaft, Frankfurt 1901.

Ludwig Wittgenstein

6.44

Nicht *wie* die Welt ist, ist das Mystische,
sondern dass sie ist.

6.52

Wir fühlen, dass selbst, wenn alle *möglichen*
wissenschaftlichen Fragen beantwortet sind,
unsere Lebensprobleme noch gar nicht
berührt sind. Freilich bleibt dann keine Frage
mehr; und eben dies ist die Antwort.

6.522

Es gibt allerdings Unaussprechliches. Dies
zeigt sich, es ist das Mystische.

6.54

Meine Sätze erläutern [sich] dadurch, dass
sie der, welcher mich versteht, am Ende als
unsinnig erkennt, wenn er durch sie – auf
ihnen – über sie hinausgestiegen ist. (Er
muss sozusagen die Leiter wegwerfen,
nachdem er auf ihr hinaufgestiegen ist.)

7

Wovon man nicht sprechen kann, darüber
muss man schweigen.

Ludwig Wittgenstein (1889–1951), seit 1937 Profes-
sor für Philosophie in Cambridge. – In: Ders., Tractatus
logico-philosophicus. Logisch-philosophische Abhandlung, Frankfurt / Main 1963, 114–115.

Hermann Broch

Es genügt nicht, dass du dir kein Bild von Mir meißelst;
du denkst trotzdem in Bildern, auch wenn du Meiner gedenkst.
Es genügt nicht, dass du dich scheust, Meinen Namen zu nennen;
dein Denken ist Sprache, ein Nennen deine schweigende Scheu.
5 Es genügt nicht, dass du an keine Götter neben Mir glaubst:
dein Glauben vermag bloß Götzen zu formen,
stellt Mich in eine Reihe mit ihnen,
wird dir bloß von ihnen anbefohlen,
nimmer von Mir.
10 Ich bin, und Ich bin nicht, da Ich bin. Deinem Glauben
bin Ich entrückt;
Mein Antlitz ist Nicht-Antlitz, Meine Sprache Nicht-Sprache,
und dies wussten Meine Propheten:
Anmaßung ist jegliche Aussage über Mein Sein oder Nicht-Sein,
15 und die Frechheit des Leugners wie die Unterwerfung des Gläubigen
sind gleicherweis angemaßtes Wissen;
jener flieht die Prophetenrede, und dieser missversteht sie,
jener lehnt sich gegen Mich auf, dieser will sich Mir anbiedern
mit bequemer Verehrung,
20 und darum
verwerfe Ich jenen, während dieser Mein Zürnen entfacht –,
eifervoll bin ich gegen die Zutraulichen.
Ich bin der Ich nicht bin, ein brennender Dornbusch und bin es nicht,
aber denen, welche fragen
25 Wen sollen wir verehren? Wer ist an unserer Spitze?
Denen haben Meine Propheten geantwortet:
Verehrt! Verehrt das Unbekannte, das außerhalb ist,
außerhalb eures Lagers; dort steht Mein leerer Thron
unerreichbar im leeren Nicht-Raum, in leerer Nicht-Stummheit
30 grenzenlos.
Schütze deine Erkenntnis!

Hermann Broch, geb. 1886 in Wien, jüdischer Herkunft, konvertierte 1909 anlässlich seiner Heirat zur katholischen Kirche. Er wurde im März 1938 bei der Okkupation Österreichs als Jude von den Nazis verhaftet. Im Juli 1938 konnte er mithilfe von James Joyce zunächst nach England, dann mithilfe von Thomas Mann und Albert Einstein in die USA emigrieren. Er verfasste zahlreiche philosophische Werke, Romane, Dramen, Lyrik und Essays. Er starb 1951 in New Haven, USA.

Der Text ist der erste Teil des »Propheten-Gedichts«, geschrieben 1949.
– In: Hermann Broch, Die Schuldlosen. Roman in elf Erzählungen, Frankfurt (suhrkamp-taschenbuch 2367), Bd. 5 der kommentierten Werkausgabe, [1] 1994, 242
[Erstveröffentlichung von »Die Schuldlosen« 1950].

Ernst Eggimann

Psalm 19

du bist nicht
du bist nicht der bärtige vatervater
archetypischer* gartenarchitekt
erfinder des apfels der schlange und
5   adams mit seiner treffsicheren freiheit
      abels der dir wohlgefällig war
      kains
der kuppelwölber über äußerst kunstvollem verlies
der kosmische harmoniumspieler
10 der general der himmlischen heerscharen
      die sodom bombardierten nun aber
      in den kasernen bleiben gedrillt für den endsieg
du bist nicht der liebe liebegott der gottogott
der tröster hiobs und der juden
15 schlafliedchen für kinder weißhäutiger nonnen sehnsucht
der die reichen bereichert die armen arm lässt für den himmel
gelobt und geflucht und süßlich von weihrauch
alterspräsident der kirchen kinder und kommunistenschreck
ehrendoktor* in basel manager des weihnachtsgeschäfts
20 du bist nicht
du bist nicht der gott der kaffern der gott hitlers der gott hölderlins
du bist nicht der gott kafkas müllers und meiers
      nicht der gott der vaterländer der granaten und generale
      nicht der gott der psychologen theologen und logen
25   nicht der endlich klar dogmatisierte gott mit dem bart
      nicht der gott seit langem gemietet von rom
du bist nicht
du bist nicht
      nicht wörtlich nicht bildlich nicht geistlich
30   nicht väterlich mütterlich tröstlich nicht lich
du bist nicht
du bist ...
(...)

* Zeile 3 archetypisch: in der Tiefenpsychologie Bezeichnung für allgemeine überpersönliche Vorstellungen
* Zeile 19 Ehrendoktor in Basel: Anspielung an den evangelischen Theologen Karl Barth (1886–1968)

Ernst Eggimann, geb. 1936 in Bern, Gymnasiallehrer und Schriftsteller. – In: Ders., Psalmen, Wiesbaden ³1970.

9 DAS AUSHALTEN DES SCHWEIGENS GOTTES

■ Das Schweigen Gottes wird von vielen als unerträglich erfahren, wenn sie in Not sind und keine Antwort auf ihre Fragen und Schwierigkeiten erhalten. Ist es notwendige Folge dessen, dass wir Gott nicht mit Namen und Bildern fassen können? Hat es zum Ziel, die Fähigkeit freizusetzen, sich dieser Tatsache produktiv zu stellen und Gottes Größe und Unverfügbarkeit anzuerkennen?

■ Nelly Sachs beantwortet das Schweigen mit einem ausgesprochenen Liebeslied. Die oder der Liebende verharrt wartend, ist – Anspielung an Ex 3,2– eine Existenz in der Gleichzeitigkeit von Nähe und Ferne, von brennender Liebe und Wüstenleere. Keine »Salatpflanze im Hausgarten«, wie sie an anderer Stelle (in ihrem Gedicht »Lange haben wir das Lauschen verlernt«) formuliert (▶ S. 46).

■ Paul Celans »Psalm« bezieht sich auf die Vernichtung der Juden unter der NS-Diktatur. Das NIEMAND bleibt bei jeder denkbaren Interpretation doppeldeutig. Es einfach durch GOTT zu ersetzen hieße, durch solche Umformulierung in der ersten Zeile der Shoa die endgültige Schwere zu nehmen. Vielleicht kommt der Intention Celans das unbedingte Festhalten gläubiger Juden am unbegreiflichen Gott trotz der Shoa am nächsten (▶ S. 46; vgl. Kapitel 17).

■ Barnett Newmans Gemälde erhält in diesem Kontext eine eigene Gewichtung. Es wirkt nicht allein durch die monochrome Fläche, die den Verzicht auf Gottesbilder nahelegt. Die schmalen Streifen an den Rändern, links »ausgefranst«, rechts exakt ausgeführt, deuten zurückhaltend das Prozesshafte des Seins und des Erkennens an (▶ S. 47).

■ Mit einer völlig unwirklichen Metapher fasst Eva Zeller die eigene trotzige Haltung gegenüber dem Ende unzulänglicher Gottesvorstellungen zusammen. Ein Stein soll zum Saatkorn, der existenzielle Riss zur Ackerfurche werden?! (▶ S. 48).

■ Die spontanen kreativen Umsetzungen des Jakobskampfes durch Jugendliche zeigen Aspekte und Einfälle, auf die »studierte Theologen« so schnell wohl kaum gekommen wären. Ihre Bilder sind Ermutigung und Aufforderung, den vermeintlich »unmündigen Laien« sehr viel mehr spirituelle Einfühlung und Fantasie als gemeinhin zuzutrauen (▶ S. 49).

ABGEWANDT

Nelly Sachs

Abgewandt
warte ich auf dich
weit fort von den Lebenden weilst du
oder nahe.

Abgewandt
warte ich auf dich
denn nicht dürfen Freigelassene
mit Schlingen der Sehnsucht
eingefangen werden
noch gekrönt
mit der Krone aus Planetenstaub –

die Liebe ist eine Sandpflanze
die im Feuer dient
und nicht verzehrt wird –

Abgewandt
wartet sie auf dich –

Nelly Sachs (1891–1970), jüdische deutsch-schwedische Dichterin, Literatur-Nobelpreisträgerin. – In: Dies., Gedichte, hg. und mit einem Nachwort versehen von Hilde Domin, Frankfurt/Main 1977, 100.

Paul Celan

Psalm

Niemand knetet uns wieder aus Erde und
Lehm,
niemand bespricht unsern Staub.
Niemand.

Gelobt seist du, Niemand.
Dir zulieb wollen
wir blühn.
Dir
entgegen.

Ein Nichts
waren wir, sind wir, werden
wir bleiben, blühend:
die Nichts-, die Niemandsrose.

Mit
dem Griffel seelenhell,
dem Staubfaden himmelswüst,
der Krone rot
vom Purpurwort, das wir sangen
über, o über
dem Dorn.

Paul Celan (1920–1970), jüdischer rumänisch-französischer Dichter und Übersetzer. – In: Ders., Die Niemandsrose. Gedichte, Frankfurt/Main 1963, 23.

Barnett Newman (1905–1970), Be II, 1961–1964

Barnett Newman

▲ »Für einen echten Künstler kommt es darauf an, dass er unterscheidet zwischen Anwesenheit und überhaupt keiner Anwesenheit, und je größer ein Kunstwerk ist, umso stärker wird dieses Gefühl. Und dieses Gefühl ist die grundlegende spirituelle Dimension. Wenn sich das nicht einstellt, stellt sich gar nichts ein.
Der mittelalterliche jüdische Begriff des *Makom* bedeutet: Da, wo Gott ist. Ganz gleich, was man gegen das Vokabular des heutigen Ästheten oder des heutigen Theologen einzuwenden hat, nur wenn ein Mensch weiß, wo er ist, kann er sich selber fragen »Wer bin ich?« und »Wohin gehe ich?«. Und ich glaube, dass einige Orte heiliger sind als andere, und für mich hängt das von der Qualität des Kunstwerks ab, von seiner Einzigartigkeit, seiner Gewalt. Es ist keine Frage des Geschmacks. Es ist nicht einmal eine Frage des Stils. Es ist eine Frage der höchsten Empfindungskraft.«

Barnett Newman, zit. nach: Wieland Schmied (Hg.), Zeichen des Glaubens – Geist der Avantgarde. Religiöse Tendenzen in der Kunst des 20. Jahrhunderts, Stuttgart 1980, 275.

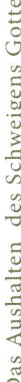

Das Aushalten des Schweigens Gottes

DAS RINGEN MIT GOTT

Eva Zeller: Nach dem Tod Gottes

Danach
zerreiße ich nicht
meine Kleider

Ich rolle mich wieder zusammen
Tödliche Augenblicke
überlebt man am besten
in der Krümmung nach vorn
den Kopf auf den Knien
Mit der Grimasse des Keimlings
Wehrlos
ohne Fingernägel und Zähne
Wieder angenabelt
in der zottigen Höhle

Doch auch zusammengekrümmt
wäre der Wettlauf
mit dem Schmerz
noch nicht gewonnen
Noch nicht gefurcht genug
der ebenbiIdliche Leib
Noch nicht unverhohlen genug
was hatte werden sollen
Ich will nicht
dass es noch zuckt
dünnwandig mit durch-
scheinendem Herzen
Ich muss weiter zurück
wo nichts mehr frohlockt
künstlich und fein bereitet
worden zu sein

Aber
Ich glaube
Noch als Stein
würfe ich mich
in den Riss
der mich selber
zerreißt

Eva Zeller (geb. 1923), deutsche Schriftstellerin (Kin-
derbücher, Romane, Erzählungen, Lyrik, Hörspiele,
Essays). – In: Dies., Auf dem Wasser gehen. Ausgewählte Gedichte, Stuttgart 1979, 60–61.

▼ Im Religionsunterricht von Jugendlichen gefertigte und erläuterte Zeichnungen, nachdem sie
die Geschichte vom Jakobskampf (Gen 32,23–33)
in freier Erzählung kennengelernt hatten.

»Jakob wurde im Ringen mit Gott nicht nur an der
Hüfte verletzt, sondern auch in seinem Denken und in
seinem Herzen.« Schüler, 17 Jahre

»Ich wollte zeigen, dass Gott Jakob alle Kräfte
ausgesaugt hat.« Schüler, 18 Jahre

»Jakob kämpft gegen Gott wie ein Boxer gegen eine
Wand aus Licht.« Schülerin, 17 Jahre

»Gott überfällt Jakob mit voller Wucht, aber am Ende
streckt er seine Hände aus und hilft ihm, den Jabbok
zu überqueren und alle Schwierigkeiten zu überwin-
den.« Schülerin, 18 Jahre

10 ENTWICKLUNG UND REIFUNG VON GOTTESVORSTELLUNGEN

■ Wer zu einem erwachsenen Gottesglauben finden will, muss sich auch mit Formen und Fehlformen religiöser Erziehung und religiöser Stile befassen. Wissenschaftler unterschiedlicher Disziplinen haben – was nahe liegt – in Stufenmodellen soziale, sittliche und religiöse Reifungsprozesse beschrieben. Das folgende sehr vereinfachte Modell soll zeigen, um was es dabei geht.

■ Es ist ein qualitativer Unterschied, etwas deshalb auszuführen oder zu unterlassen, weil es geboten wurde, weil es Freude macht, weil es anderen nützt oder weil es einem hohen Ziele dient. Mit verschiedenen Methoden kann man erkunden, auf welcher Reifestufe sittlichen Handelns ein Mensch sich befindet. Man kann die Einsicht in solche Entwicklungs- und Reifungsstufen auch dazu nutzen, Menschen zu motivieren – etwa dazu, sich für andere einzusetzen.

■ Was für das moralische Handeln gilt, kann auf den Bereich des Religiösen – hier auf die Entwicklung, Wandlung und Reifung von Gottesvorstellungen – übertragen werden. Es geht nicht darum, andere zu »messen«. Vielmehr sollen Kinder, Jugendliche und Erwachsene in altersgemäßer Weise ihre religiösen Vorstellungen und ihre religiöse Praxis selbst wahrnehmen, reflektieren und konstruktiv verändern und entfalten können (▶ S. 51 ff.).

■ Man muss nicht betonen, dass die religiöse Entwicklung wie jede andere unter den Bedingungen und in Abhängigkeit von psychosozialen, kulturellen und ökonomischen Faktoren erfolgt.

■ Dies sind die Intentionen: sich selber erkennen, kritische Distanz zur eigenen Biografie gewinnen und Motivation zu verändertem Handeln finden; andere verstehen, sie nicht überfordern, sich selbst nicht überfordern.

■ Ein Nebeneffekt: Es lässt sich dieses Stufenmodell auch als Messlatte an die pastorale Praxis in den Gemeinden, an Riten und kirchliche Texte anlegen – mit der Frage, inwieweit sie zu einem mündigen Mensch- und Christsein beitragen und dazu verhelfen, ICH zu sagen, »auf eigene Kappe« zu glauben und den Glauben zu praktizieren.

WERDEN, WACHSEN UND REIFEN VON GOTTES-VORSTELLUNGEN – ein idealtypisches Modell

I. Wenn Menschen sich an Autoritäten orientieren

Schutz und Geborgenheit brauchen und finden

Kinder sind darauf angewiesen, dass Erwachsene bzw. Ältere sie schützen, sie vor Unheil bewahren, ihnen Erfahrungsräume eröffnen und ihnen Sachverhalte erklären. Im Idealfall erleben Kinder ihre Eltern und überhaupt Ältere als bergende und vertrauenswürdige Autoritäten.

Wenn Kinder Ältere – in erster Linie ihre Eltern – so erleben, können sie mütterliche und väterliche Eigenschaften auf Gott übertragen und Gott als vertrauenswürdig und lebensbejahend begreifen.

Anders verhält es sich, wenn das Urvertrauen der Kinder verletzt und enttäuscht wird. Das ist z. B. dann der Fall, wenn Erwachsene – und im Besonderen die Eltern – ihnen die Zuneigung entziehen, nicht begründeten Gehorsam verlangen, willkürlich strafen, Gewalt anwenden, sie (etwa bei einer Ehescheidung) im Stich lassen und geringes oder gar kein Interesse an der Entfaltung ihrer Wünsche und Fähigkeiten zeigen.

Dann werden auch das religiöse Empfinden und Verstehen der Kinder nachhaltig beeinträchtigt. Erfahrungen der Ohnmacht und das Gefühl, unwert, ungeliebt, verabscheut und verlassen zu sein, traumatisieren sie und belasten sie oft ein Leben lang. Noch als Erwachsene fühlen sie sich in Beziehung zu Gott einem Wesen ausgeliefert, dessen Beweggründe sie nicht kennen, das ihnen aber Angst einflößt, ihnen gewalttätig und unberechenbar gegenübertritt, sie klein hält und ihnen Freude am Leben missgönnt.

Durch Belohnung und Strafe geführt werden

Je älter sie werden, desto aufmerksamer nehmen Kinder das erzieherische Verhalten wahr und gehen durchaus berechnend mit erfahrener Zuwendung und Anerkennung oder mit Einschüchterung, Strafe und Liebesentzug um.

Treffen rigide Erziehung und religiöse Prägung zusammen, kann es dazu kommen, dass Unfälle, Krankheiten und Niederlagen als strafendes oder erzieherisches Eingreifen Gottes und dass Gesundheit, Wohlergehen und Erfolg als belohnendes Handeln Gottes aufgefasst werden.

Oft entwickelt sich zwischen Erziehenden und heranwachsenden Kindern eine Art Vertragsverhältnis, das nach dem Prinzip »Belohnung gegen Leistung« abläuft. Belohnung und Strafe werden dann zu maßgeblichen Motiven des Handelns.

Solche Erfahrungen werden auf das Verhältnis von Gott und Mensch übertragen, es wird ganz ähnlich als gegenseitiges Tauschgeschäft aufgefasst. Wer sich an die göttlichen Gebote hält und ein »anständiges Leben« führt, darf mit Belohnung, wer sie nicht befolgt, muss mit Unglück als Strafe rechnen.

II. Wenn Menschen sich an Gemeinschaften und Gruppen orientieren

Zugehörigkeit gewinnen und Sicherheit erfahren

Jugendliche orientieren sich in vielem an Gleichaltrigen. Ihre Einstellung zu zentralen Lebensfragen wird durch vorherrschende Auffassungen in Bezugsgruppen und durch einzelne Meinungsführer beeinflusst. Übereinstimmung mit der Bezugsgruppe verleiht ihnen soziale Sicherheit und psychische Stabilität. Deshalb tun Jugendliche oft viel, um dort Anerkennung und Geborgenheit zu finden. Einen Ausschluss erfahren sie als schlimme Strafe und starke Identitätskrise.

Auch bei der Einstellung zu Religion, Glaube und Kirche und bei der Ausbildung religiöser Vorstellungen spielen die Bezugsgruppen Jugendlicher eine große Rolle. Was ihre Gottesvorstellungen angeht, stellen Jugendliche mit religiös-kirchlicher Orientierung sich Gott »irgendwie« als ein Wesen vor, das mit ihrer Gruppe und ihnen selbst grundsätzlich solidarisch ist. Das kann so weit gehen, dass sie meinen, Gottes gewissermaßen sicher sein zu können, selbst dann, wenn sie ihn vernachlässigen oder »seinen Willen« missachten.

Ein eigener Mensch werden und sich einsetzen

Mit fortschreitendem Alter werden persönliche Freiheit und Selbstbestimmung für Jugendliche immer wichtiger. Sie erwarten, dass ihre Bezugsgruppe dazu beiträgt, den je eigenen Lebensentwurf zu finden und zu verwirklichen. Gleichzeitig wächst bei vielen die Bereitschaft, sich zugunsten ihrer Gruppe einzusetzen. Überzeugt vom Wert der Gemeinschaft und von der Bedeutung ihrer Ziele, engagieren sich viele auch dann für diese, wenn das große Mühe kostet und mit Schwierigkeiten und Widerständen verbunden ist. Zeitigen diese Anstrengungen allerdings längerfristig keinen Erfolg, kann auch der Entschluss reifen, die Gruppe zu verlassen – aus Enttäuschung über fehlenden Rückhalt, mehr aber noch, weil die gesetzten Ziele (im sportlichen, kulturellen, sozialen oder ökologischen Bereich) von den anderen nicht intensiv genug angestrebt werden.

Gewinnen Jugendliche und Erwachsene den Eindruck, dass die in der (kirchlichen) Bezugsgruppe und in der Kirche vertretenen Werte und Lebensmuster den eigenen Idealen von Freiheit und Selbstbestimmung entsprechen, können sie auch Vorstellungen von einem Gott entwickeln, der die Entfaltung des Lebens in Freiheit will. Gewinnen sie den gegenteiligen Eindruck, kann sie das dazu bewegen, ihr Verhältnis zur (kirchlichen) Gruppe und zur Kirche zu lockern oder vollständig zu lösen. Folgenreiche Missverständnisse entstehen, wenn Jugendliche und Erwachsene religiöse Gemeinschaft und Gott nicht unterscheiden. Die Tatsache, dass sich jemand in einer religiösen Gemeinschaft beheimatet, lässt nicht unbedingt und selbstverständlich auf ein intensives und intaktes Gottesverhältnis schließen. Umgekehrt lässt jemandes Entscheidung, die religiöse Bezugsgruppe oder die Kirche zu verlassen, nicht automatisch die Schlussfolgerung zu, dass er oder sie kein Verhältnis mehr zu Religion und Gott habe und pflege.

III. Wenn Menschen sich an universalen Werten und Beziehungen orientieren

Universale Werte achten und Beziehungen pflegen

Die Orientierung an Bezugsgruppen und Gemeinschaften ist vermutlich für die meisten Menschen so maßgeblich und bestimmend, dass sie sich darüber hinaus nichts Größeres und Weiteres vorstellen können. Ihr Horizont bleibt abgesteckt durch die Zugehörigkeit zu Familie, Nationalität, Hautfarbe, Religion, Sozialmilieu und Geschlecht. Im Idealfall aber finden ältere Jugendliche und Erwachsene zu universalen Werten, die unbegrenzt für alle Menschen und überall gelten sollen. Solche Werte sind z. B. das Recht auf Leben und die Ermöglichung des Lebens; das Recht auf Freiheit und die Ermöglichung freier Entfaltung der Persönlichkeit; der Anspruch auf Gerechtigkeit und die Erfüllung damit verbundener Erwartungen; das Recht auf Achtung der Menschenwürde und die Verwirklichung entsprechender individueller und sozialer Voraussetzungen.

Menschen, deren Horizont so weit geworden ist, dürfen erwarten, dass die Religionsgemeinschaften alle Ausgrenzungen hinter sich lassen und sich allen öffnen, die sie anfragen. Es sind gerade die Religionsgemeinschaften mit universalem Anspruch (v. a. Christentum und Islam), die in ihren heiligen Schriften und lehramtlichen Texten solche Öffnung an ihr Gottesbild gebunden haben und proklamieren.

Die Verkündigung eines alle und jeden Menschen liebenden Gottes gewinnt an Überzeugungskraft, wenn die Religionsgemeinschaften die Allgemeinen Menschenrechte nicht mehr für eine bloß weltliche Angelegenheit halten, sondern sie in ihrem eigenen Bereich voll zur Geltung bringen.

Offene Fragen aushalten

Je bewusster Menschen in Ich-Du-Beziehungen leben und von diesen her ihre Identität bestimmen, desto mehr erfahren sie, wie reich und sinnvoll ihr Leben wird. Sie vermögen sich auf andere hin zu überschreiten und sie als selbstbewusste und eigenständige Gegenüber zu achten. Je intensiver und einfühlsamer sie sich einlassen und also lieben, desto deutlicher nehmen sie aber auch wahr, dass ihr Gegenüber auch bei intensiver Begegnung für sie im Letzten unergründlich und »ein Geheimnis« bleibt.

Wenn sie an Gott glauben, wissen sie, dass sie Gott nicht ergründen können, dass Gott sich ihnen erschließen muss und dass dies nur soweit geschehen kann, wie es der begrenzten menschlichen Fassungskraft entspricht. Was sie mit Begriffen wie Gerechtigkeit, Freiheit, Wahrheit, Leben, Liebe und Freude, mit Begriffen wie Angst, Kampf, Streit, Leid und Trauer verbinden, gibt ihnen eine Ahnung vom Wesen Gottes – nicht mehr, nicht weniger. Sie wissen, dass die Wirklichkeit Gottes, den sie als zugleich ganz nah und ganz fern, ganz zärtlich und ganz schrecklich, ganz vertraut und ganz fremd erfahren, nicht zu erfassen ist. Die Differenz von Gott und Mensch kann auch helfen, sich den schwierigen Fragen nach dem Sinn des Lebens, des Leidens, der Vergänglichkeit und des Todes zu stellen. So sehr Menschen sich gedrängt fühlen, Gott Antworten auf diese Fragen abzuringen, so sehr müssen sie doch erkennen, dass die erhoffte Antwort im Geheimnis Gottes bleibt.

Entwicklung und Reifung von Gottesvorstellungen

11 LEBENSGESCHICHTEN UND KRISEN

■ Religiöse Vorstellungen entwickeln und wandeln sich im Zusammenhang konkreter Lebensumstände und in Reaktion auf diese. Soziale, geschlechtsspezifische, kulturelle, ökonomische und politische Bedingungen bestimmen den Verlauf und den Ausgang religiöser Biografien. Menschliche Beziehungen sind dabei von erheblicher und oft von entscheidender Bedeutung.

■ Jean-Paul Sartres Rückblick auf seine religiöse (katholische) Erziehung im Haus seiner protestantischen Großeltern im laizistischen Frankreich vor hundert Jahren wurde wegen seiner treffenden Formulierungen hier aufgenommen. Sartre war 59 Jahre alt, als er »Die Wörter« veröffentlichte. Sein Text fordert dazu heraus, ihn nach seiner heutigen Aktualität zu befragen (▶ S. 55).

■ Marielene Leists Überlegungen mögen stellvertretend für viele Erwachsene stehen, die mit einem Wohlfühlgott nicht mehr leben wollen (▶ S. 56).

■ Gottfried Helnweins Schilderung seiner katholischen Kindheit skizziert Momente der religiösen Erziehung in den 50er/60er-Jahren des 20. Jahrhunderts in Österreich. Sie ist ebenfalls ein Anstoß, Motive und Wirkungen heutiger religionsunterrichtlicher und katechetischer Praxis kritisch zu bedenken (▶ S. 57).

■ Es böten sich zahllose weitere biografische Texte als Anstoß dafür an, die eigene religiöse Biografie zu erkunden und zu befragen. Unterm Strich käme es darauf an, auch in Angelegenheiten des Glaubens mit Krisen und Brüchen zu rechnen; sich in Fragen der Lehre und der Glaubenspraxis »nicht so sicher« zu geben; sich auf Erfahrungen der Leere, der Gottesferne und der Sinnkrise vorzubereiten; sich unbedingt eine »eiserne Ration« biblischer Kernsätze und Gebete zuzulegen und an bestimmten Riten unbedingt festzuhalten.

GESCHICHTE EINER MISSGLÜCKTEN BERUFUNG
Jean-Paul Sartre

Im katholischen Glauben erzogen, erfuhr ich, der Allmächtige habe mich zu seinem Ruhm erschaffen. Das war mehr, als ich zu träumen gewagt hatte. In der Folge aber erkannte ich in dem gesell-
5 schaftsfähigen Gott, den man mir beibrachte, nicht denjenigen, den meine Seele erwartete. Ich brauchte einen Weltschöpfer, man gab mir einen Obersten Chef; die beiden bildeten eine Einheit, aber das wusste ich nicht; lustlos diente ich dem
10 pharisäischen Idol, und die offizielle Lehre nahm mir die Lust, meinen eigenen Glauben zu suchen. [...]
In unserem Milieu, in meiner Familie war der Glaube nur ein Prunkname für die süße franzö-
15 sische Freiheit; man hatte mich gleich allen anderen getauft, um meine Unabhängigkeit zu bewahren: beim Verzicht auf die Taufe hätte man befürchtet, meine Seele zu vergewaltigen. Als eingeschriebener Katholik dagegen war ich frei,
20 war ich normal. Man sagte: »Später soll er tun, was er will.« Damals hielt man es für schwieriger, den Glauben zu erwerben, als ihn zu verlieren. Charles Schweitzer war viel zu sehr Schauspieler, als dass er auf einen Obersten Zuschauer verzich-
25 tet hätte, aber im Übrigen dachte er fast gar nicht an Gott, außer in kritischen Augenblicken; da er sicher war, Ihm in der Todesstunde zu begegnen, hielt er Ihn aus seinem Leben fern. [...]
30 Eines Tages lieferte ich dem Religionslehrer einen Aufsatz über die Passion Jesu Christi ab. Der Aufsatz hatte bei uns zu Hause Entzücken erregt, und meine Mutter hatte ihn eigenhändig abgeschrieben. Er wurde nur mit der Silbermedaille ausge-
35 zeichnet. Diese Enttäuschung tauchte mich tief in den Unglauben. Krankheit und Ferien verhinderten dann, dass ich zum Abbé Dibildos zurückkehrte. Nach den Ferien erklärte ich, überhaupt nicht wieder hingehen zu wollen. Einige Jahre
40 lang verkehrte ich dann noch offiziell mit dem Allmächtigen; auf den privaten Umgang mit ihm hatte ich verzichtet. Ein einziges Mal hatte ich das Gefühl, es gäbe Ihn. Ich hatte mit Streichhölzern gespielt und einen kleinen Teppich versengt; ich

war im Begriff, meine Untat zu vertuschen, als 45 plötzlich Gott mich sah. Ich fühlte Seinen Blick im Innern meines Kopfes und auf meinen Händen; ich drehte mich im Badezimmer bald hierhin, bald dorthin, grauenhaft sichtbar, eine lebende Zielscheibe. Mich rettete meine Wut: Ich 50 wurde furchtbar böse wegen dieser dreisten Taktlosigkeit, ich fluchte, ich gebrauchte alle Flüche meines Großvaters. Gott sah mich seitdem nie wieder an.
Ich erzähle hier die Geschichte einer missglück- 55 ten Berufung. Ich brauchte Gott, man gab ihn mir, ich empfing ihn, ohne zu begreifen, dass ich ihn suchte. Da er in meinem Herzen keine Wurzeln schlug, vegetierte er einige Zeit in mir und starb dann. Spricht man mir heute von ihm, so 60 sage ich amüsiert und ohne Bedauern wie ein alt gewordener Frauenjäger, der eine ehemals schöne Frau trifft: »Vor fünfzig Jahren hätte ohne das Missverständnis, ohne jenen Irrtum, ohne den Zufall, der uns auseinander brachte, etwas zwi- 65 schen uns sein können.«

Jean-Paul Sartre (1905–1980), französischer Romancier und Philosoph, wuchs nach dem frühen Tod des Vaters bei seinen Großeltern Charles und Louise Schweitzer auf, zu denen seine junge Mutter mit ihm gezogen war. – Text aus: Jean-Paul Sartre, Die Wörter, Frankfurt / Main 1980, 74–79.

SUCHE NACH EINEM GOTT, DER WEINT UND TRAUERT
Marielene Leist

Ich warf die Gesetzesstrenge meiner Familie immer mehr ab. Wenn dieser Gott sei, dann konnte er nicht der kleinliche, nachrechnende Welten- und Moralpolizist sein, als den ich ihn lange gesehen hatte. Meine einzige Verbindung zu ihm waren meine Kinder. Ich konnte nicht anders, als sie ihm anzuvertrauen. Mein Schutz für sie reichte nicht aus. Er sollte sie lieb haben. Ihm sollten sie teuer sein. Aber es tat mir gut, dass mein Mann mit aller Intensität seines Glaubens diesem Gott und diesem Jesus anhing. So blieb Jesus auch für mich gegenwärtig und brüderlich.

Ich war mir bewusst, dass ich nichts sehnlicher erhoffte, als dass dieser nichtgeglaubte Gott meinen Kindern wichtig sei. Dass sie einmal diesem Gott begegnen und ihn lieben könnten. Dieser Wunsch, dieser ganz innige, tiefe Wunsch, ist mir erhalten geblieben, obwohl die Gewissheit eines Gottes mir immer mehr entschwunden ist.

Seit Jahren – viel zu spät – bewegt mich die Geschichte meines Jahrhunderts und mein Anteil, meine Schuld daran. Ich habe begriffen, dass ich selbst nicht betroffen genug gewesen bin von dem Leid der anderen. […] Nein, ich kann mich von Schuld nicht freisprechen. Mein Beruf hat mich gelehrt, hellhörig zu sein. Ich möchte die sprachlose Not verstehen, ich möchte Zeichen des Leids erkennen. Ich möchte nicht urteilen, sondern mitfühlen und helfen. Ich möchte ein ganz klein wenig ändern, bessern, heilen. Trösten ist für mich ein sehr wichtiges Wort geworden. Und wenn ich schon verstört bin über das Leid auf der Welt, so kann ich mir keinen Gott vorstellen, der nicht in einem ganz anderen Ausmaß verzweifelt ist über das, was auf der Erde geschieht. 50 Millionen Tote im Zweiten Weltkrieg – sechs Millionen Juden vergast – 20 Millionen Russen ermordet – eine Million Menschen in Leningrad verhungert – 260 000 in Hiroshima verbrannt – das hat etwas mit Gott zu tun. An dem Bösen, an dem Entsetzlichen in der Welt ist Gott nicht unschuldig. Wo war dieser Gott, wenn er ist, als es auf seiner Erde so zuging?

Und es wird weiter geschlachtet, gefoltert, gehungert, entrechtet, entwürdigt, vergewaltigt.

Irgendwann habe ich einen Aufsatz schreiben müssen zu dem Psalmenwort: »Ob tausend fallen an deiner Seite und zehntausend zu deiner Rechten, so wird es doch dich nicht treffen« (Psalm 91,7). Da habe ich gewusst: Das will ich nicht mehr. Ich will nicht gerettet werden, wenn Zehntausende fallen. Ich will einen solchen Gott nicht, der damit einverstanden ist und den wir auf diese Weise um Hilfe anrufen.

Ich bin auf der Suche nach einem Gott, der weint und trauert, und nicht nach einem, der allmächtig über der Erde thront und Gericht hält. Wie müsste ein Gott sein, der menschlicher ist als wir, erbarmender, liebender? Der Gott der frühen Kumpanei und der unerbittlich Opfer heischende und strafende Gott ist zerschellt. Es treibt mich um, den anderen zu finden.

Marielene Leist (geb. 1925), Psychotherapeutin und Autorin. – In: Dies., Ich suche einen Gott, der weint und trauert …, in: Norbert Copray / Thomas Seiterich-Kreuzkamp (Hg.), Suchende sind wir. Gottesbilder heute, München 1989, 50 ff.

MEINE RELIGION, DAS WAR DONALD DUCK
Gottfried Helnwein

Ja, katholisch wurden wir schon erzogen – der Katholizismus war ganz wichtig, denn das Haus, in dem ich lebte, war eins, in dem dreizehn streng katholische Familien lebten – eine Insel im roten Meer, denn rundherum lebten nur Arbeiter, Sozialisten und Kommunisten – ein richtiger Arbeiterbezirk.

Meine Großmutter war eine kämpferische Sozialdemokratin gewesen; sie hat ihren Mann in einer Fabrik im kaiserlichen Wien kennengelernt, als junge Fabrikarbeiterin. Sie sind beide aus der Kirche ausgetreten, noch in der Monarchie, glaube ich; beide waren wirklich überzeugte, kämpferische Sozialdemokraten. Und ich fand ihr Leben sowie dasjenige meiner väterlichen Großeltern – sie waren Bauern – auch immer viel interessanter als das Leben meiner Eltern.

Meine Mutter war also in einem sozialdemokratischen Haushalt aufgewachsen. Damals hatte so etwas noch viel mit Überzeugung zu tun. Aber aus einer Protesthaltung gegen die Eltern oder aus einem sonstigen Grund ist sie zum Katholizismus konvertiert. Daher wurde ich sehr streng katholisch erzogen. Die einzigen Informationen, die ich als Kind gekriegt habe, betrafen das liebe Jesulein und irgendwelche Heiligen – alles hat sich darum gedreht … und um die Adventszeit und die Mai-Andacht.

Meine Eltern haben sich sogar von der Kirche die Erlaubnis geholt, dass wir zur Frühkommunion und Frühbeichte gehen konnten – nicht mit sieben Jahren, wie alle anderen Kinder, sondern mit fünf. Wir mussten mit fünf Jahren schon beichten, dass wir unkeusch gewesen waren. Meine Schwester und ich bekamen sogar extra Unterricht von einer Seelsorgerin und mussten dann vor Weihnachten in eine kleine Krippe für jede Sünde ein Steinchen hineinlegen, auf denen das Jesuskind dann schlecht liegen würde – und für jede gute Tat einen kleinen Strohhalm. Oder es gab eine Dornenkrone, und für jede gute Tat durften wir eine rosafarbene Papierrose hineinflechten.

In der Adventszeit veranstalteten die Leute im Haus bei uns das sogenannte »Herbergs-Singen«. Von Tor zu Tor gingen sie singend mit irgendeinem Bild vom herbergssuchenden heiligen Josef, und nach Weihnachten kamen wieder die Sternsinger und schnorrten überall herum – das ganze Leben war kirchlich bestimmt. In der Adventszeit zum Beispiel mussten wir jeden Tag um sechs Uhr morgens in die Messe gehen; im Mai war wieder die Mai-Andacht, da mussten wir jeden Abend hin: »Maria zu lieben, ist allzeit mein Sinn« oder »Jesus, drücke deine Schmerzen tief in aller Christen Herzen«.

Das war die Quintessenz des Ganzen, und das sind die Erinnerungen, die ich habe – Katholizismus pur; und die einzige Gegenwelt, die ich dazu kennenlernte, waren zum einen die Erzählungen meiner Großmutter, Horrorgeschichten, Erzählungen vom Krieg, und dann, viel wichtiger: die wirklich positive Gegenwelt, meine Religion, das war Donald Duck, das war Entenhausen.

Gottfried Helnwein (geb. 1948), österreichisch-irischer bildender Künstler. – In: Malerei muss sein wie Rockmusik. Gottfried Helnwein im Gespräch mit Andreas Mäckler, München 1992, 9–10.

12 GOTT UND DAS BÖSE

■ Die großen Mythen des Buches Genesis malen anschaulich die Sünd- und Boshaftigkeit der Menschen aus. Einen Teufel als Gegenspieler oder als Prüfungsagenten Gottes kennen sie nicht. Die Menschen handeln von sich aus böse.

■ An den Anfang sind hier fünf mythologische Texte aus dem Buch Genesis gestellt. Der erste wird immer noch mit der Behauptung verbunden, es sei der Sündenfall der Ur-Eltern schuld daran, dass es überhaupt das Böse und das Leid in der Welt gibt. Diese mythologisch begründete Erbsündenlehre ist nicht zu halten und muss in der Katechese durch den Verweis auf die Fähigkeit der Menschen zum Bösen ersetzt werden (▶ S. 59).

■ Katechetische Tradition verbindet mit der in Gen 3 erscheinenden Schlange die Verkörperung des Teufels, der aber dort gar nicht erwähnt wird. Sie ignoriert, dass die Schlange in der Mythologie Ägyptens, Babyloniens und Kanaans (und vieler anderer Völker auch) eine hervorragende Rolle als göttlich betrachtetes Symbol für Leben, Heilung, Fruchtbarkeit und Weisheit innehatte. Ihr Auftritt in Gen 3 muss mit der Verführbarkeit der Israeliten durch Fruchtbarkeitskulte in Verbindung gebracht werden (▶ S. 60).

■ Unzählige Bilder vom Sündenfall Evas und Adams zeigen beide als schöne und junge Menschen. Demgegenüber zeichnet Rembrandt sie in ungewohnter Weise mit verbrauchten Körpern und miteinander streitend. Die verbotene Frucht ist gepflückt, aber noch nicht verzehrt. Durch den Künstler erhält der Fall eine psychologische Deutung (▶ S. 60).

■ Auch Emil Nolde legt sein Gemälde wohl mit dieser Intention an, die generelle Unfähigkeit der Menschen zu wechselseitig tiefer Beziehung als Grund alles Bösen sichtbar zu machen (▶ S. 61).

MYTHOLOGISCHE TEXTE AUS DEM BUCH GENESIS

Gen 3,9–13 Der Sündenfall

[9] Gott, der Herr, rief Adam zu und sprach: Wo bist du? [10] Er antwortete: Ich habe dich im Garten kommen hören; da geriet ich in Furcht, weil ich nackt bin, und versteckte mich. [11] Darauf fragte er: Wer hat dir gesagt, dass du nackt bist? Hast du von dem Baum gegessen, von dem zu essen ich dir verboten habe? [12] Adam antwortete: Die Frau, die du mir beigesellt hast, sie hat mir von dem Baum gegeben, und so habe ich gegessen. [13] Gott, der Herr, sprach zu der Frau: Was hast du da getan? Die Frau antwortete: Die Schlange hat mich verführt, und so habe ich gegessen.

Gen 4,4–9 Kain und Abel

[4] Der Herr schaute auf Abel und sein Opfer, [5] aber auf Kain und sein Opfer schaute er nicht. Da überlief es Kain ganz heiß, und sein Blick senkte sich. [6] Der Herr sprach zu Kain: Warum überläuft es dich heiß, und warum senkt sich dein Blick? [7] Nicht wahr, wenn du recht tust, darfst du aufblicken; wenn du nicht recht tust, lauert an der Tür die Sünde als Dämon. Auf dich hat er es abgesehen, doch du werde Herr über ihn! [8] Hierauf sagte Kain zu seinem Bruder Abel: Gehen wir aufs Feld! Als sie auf dem Feld waren, griff Kain seinen Bruder Abel an und erschlug ihn. [9] Da sprach der Herr zu Kain: Wo ist dein Bruder Abel? Er entgegnete: Ich weiß es nicht. Bin ich der Hüter meines Bruders?

Gen 6,5–8 Die Bosheit der Menschen

[5] Der Herr sah, dass auf der Erde die Schlechtigkeit des Menschen zunahm und dass alles Sinnen und Trachten seines Herzens immer nur böse war. [6] Da reute es den Herrn, auf der Erde den Menschen gemacht zu haben, und es tat seinem Herzen weh. [7] Der Herr sagte: Ich will den Menschen, den ich erschaffen habe, vom Erdboden vertilgen, mit ihm auch das Vieh, die Kriechtiere und die Vögel des Himmels, denn es reut mich, sie gemacht zu haben. [8] Nur Noach fand Gnade in den Augen des Herrn.

Gen 9,20–25 Der trunkene Noach und seine Söhne

[20] Noach wurde der erste Ackerbauer und pflanzte einen Weinberg. [21] Er trank von dem Wein, wurde davon betrunken und lag entblößt in seinem Zelt. [22] Ham, der Vater Kanaans, sah die Blöße seines Vaters und erzählte davon draußen seinen Brüdern. [23] Da nahmen Sem und Jafet einen Überwurf; den legten sich beide auf die Schultern, gingen rückwärts und bedeckten die Blöße ihres Vaters. Sie hatten ihr Gesicht abgewandt und konnten die Blöße des Vaters nicht sehen. [24] Als Noach aus seinem Rausch erwachte und erfuhr, was ihm sein zweiter Sohn angetan hatte, [25] sagte er: Verflucht sei Kanaan. Der niedrigste Knecht sei er seinen Brüdern.

Gen 11,4–9 Der Turmbau zu Babel

[4] Dann sagten sie: Auf, bauen wir uns eine Stadt und einen Turm mit einer Spitze bis zum Himmel, und machen wir uns damit einen Namen, dann werden wir uns nicht über die ganze Erde zerstreuen. [5] Da stieg der Herr herab, um sich Stadt und Turm anzusehen, die die Menschenkinder bauten. [6] Er sprach: Seht nur, ein Volk sind sie, und eine Sprache haben sie alle. Und das ist erst der Anfang ihres Tuns. Jetzt wird ihnen nichts mehr unerreichbar sein, was sie sich auch vornehmen. [7] Auf, steigen wir hinab und verwirren wir dort ihre Sprache, sodass keiner mehr die Sprache des anderen versteht. [8] Der Herr zerstreute sie von dort aus über die ganze Erde, und sie hörten auf, an der Stadt zu bauen.

Gott und das Böse

DER »SÜNDENFALL«

Die Schlange, in der Antike Symbol der Weisheit und des Lebens, ist zum Drachen geworden und hockt – ihnen die Zukunft versperrend – bedrohlich über Adam und Eva. Diese haben ihre Jugendlichkeit, sprich: ihre Unsterblichkeit verloren und streiten um die Frage der Schuld.

Rembrandt (1606–1669), Der Sündenfall, 1638

Wie wäre der »Fall« ausgegangen, hätte Adam zu seiner, und wie, hätte Eva zu ihrer Tat gestanden?

Robert Crumb (geb. 1943), Genesis, 2007

Emil Nolde (1867–1956), Verlorenes Paradies, 1921

▲ Nolde nimmt sich eines selten dargestellten Motivs an, der in Gen 3,7–13 geschilderten Situation des Paares unmittelbar nach dem Sündenfall. Ihn bewegt die Frage nach der psychischen Verfassung. Gelb und Orange der Körper drängen nach vorn. Sie sprechen für Energie, Erregung, Wärme und Leben, in Verbindung mit Rot – man beachte Adams Hand – auch für Gewalt und sogar Brutalität. Das Rot im Gesicht der Eva hingegen stellt ihre brennende Scham heraus. Ihre Augen zeigen nacktes Entsetzen. Gegen die Farbe der Körper bildet das Grün im Hintergrund ein dunkles undurchdringliches Dickicht, das kein Entkommen zulässt.

Die Komposition betont die Horizontale, verbindet das Paar und lässt die Gemeinsamkeit in »Qual und Tragik, Bitternis und Leid« (Nolde) anschaulich werden. Der Stamm trennt Adam und Eva, die doch nach Gen 2,24 gerade erst »ein Fleisch« geworden sind, und verstärkt die Sprache ihrer Körper, die Selbstbezug und Verschlossenheit zeigen. Ironischerweise ist es die Schlange, die mit ihrem gebogenen Körper über den Stamm hinweg das Paar zusammenhält.

Nach dem biblischen Text zielt die »Schläue der Schlange« auf das Bestreben der Menschen, ihr

Dasein als Geschöpf sprengen zu wollen, um »wie Gott zu werden« (Gen 3,5–6). In dieser Vermessenheit und nicht im Verzehr der verbotenen Früchte liegt das Vergehen. Adam spielt eine durchaus miese Rolle. Zuerst versteckt er sich, dann rechtfertigt er sich, wie sich nach ihm »alle Männer« rechtfertig(t)en: Er gibt Eva die Schuld. Dreister noch, er gibt auch Gott die Schuld, weil dieser ihm »die Frau beigesellt hat« (Gen 3,12). Was bleibt Eva anderes übrig, als so zu verfahren wie Adam, und die Schuld auf die Schlange abzuschieben? Die Methode wirkt bis heute. Wenn jemand für seine Bosheit ein Alibi braucht und zur eigenen Verantwortung den Mut nicht aufbringt, muss »die Schlange«, muss »der Teufel« als Verursacher und Versucher herhalten.

Adams Feigheit, Verantwortung für sein Tun zu übernehmen, führt zum ersten Ehe-Bruch der biblischen Geschichte. Es will scheinen, dass Nolde das intuitiv erfasst und so das Bild einer tiefgreifenden Beziehungskrise geschaffen hat. Er schildert nicht den Verlust einer blühenden Gartenlandschaft, sondern das psychische Drama aller Paare, die ihre Unschuld voreinander verloren haben und danach mühsam zur Liebesarbeit finden müssen.

13 PERSONIFIZIERUNGEN DES BÖSEN

■ In der jüdischen und in der christlichen Apokalyptik – den seit etwa dem 2. Jh. v. Chr. gehegten Erwartungen an einen bald eintretenden Weltuntergang und an ein Weltgericht – werden der Abfall vieler Engel von Gott und ihre ewige Bestrafung erzählt. Diese Schilderungen haben entscheidend die Vorstellungen von persönlichen Teufeln und einer feurigen Hölle geprägt. Daneben fürchtete man oft Dämonen und unreine Geister als personifizierte Verursacher von Untaten, Unglück, Krankheiten und Ängsten.

■ Viele Künstler haben bei Bildwerken vom Weltgericht, von der Hölle und von Versuchungen Heiliger besonderen Einfallsreichtum bewiesen. Der katechetische und erzieherische Impuls mag sie anfangs noch geleitet haben. Außerdem die Vorstellung, durch Anbringen von teuflischen Fratzen etwa an den Simsen und Wasserspeiern von Kirchen und Kathedralen böse Mächte zu bannen (▶ S. 63).

■ Alles änderte sich zum Verhängnisvollen, als man in hysterischer Weise Teufel und Dämonen überall in den Wohnvierteln der Menschen, in Ställen und auf Feldern bei Unglück und Unwetter am Werke sah, vor allem Frauen der Besessenheit durch Teufel und der Hexerei bezichtigte und sie oft qualvoll umbrachte. Die Entwicklung erreichte mit der Verfolgung von Ketzern und Juden durch die Inquisition ihren mörderischen Höhepunkt (▶ S. 64).

■ Die Bilder dieses Kapitels sollen dazu bewegen, diese historische Realität nicht außer Acht zu lassen und zu bedenken, wohin jede »Verteufelung« Fremder und Andersdenkender letzten Endes führen kann, auch heute noch.

■ Die pastorale und psychologisch relevante Frage ist, ob man Teufel und Dämonen nötig hat, um zum Guten zu motivieren. Die theologisch gewichtigere Frage ist, ob die Vorstellung von der Existenz einer Hölle vereinbar ist mit der Verkündigung des Jahwe-Gottes, der unbedingt liebt und vergibt und dessen Schönheit und Herrlichkeit einen Makel erlitte, würde sie durch eine Hölle als Ort der Gottlosigkeit gemindert.

■ Auf die Rolle des Teufels im Buch Ijob geht Kapitel 16 ein, vgl. S. 74.

Offb 12,7–12 Der Sturz des Drachens

[7] Da entbrannte im Himmel ein Kampf; Michael und seine Engel erhoben sich, um mit dem Drachen zu kämpfen. Der Drache und seine Engel kämpften, [8] aber sie konnten sich nicht halten, und sie verloren ihren Platz im Himmel. [9] Er wurde gestürzt, der große Drache, die alte Schlange, die Teufel oder Satan heißt und die ganze Welt verführt; der Drache wurde auf die Erde gestürzt, und mit ihm wurden seine Engel hinabgeworfen. [10] Da hörte ich eine laute Stimme im Himmel rufen:

Jetzt ist er da, der rettende Sieg, die Macht und die Herrschaft unseres Gottes und die Vollmacht seines Gesalbten; denn gestürzt wurde der Ankläger unserer Brüder, der sie bei Tag und bei Nacht vor unserem Gott verklagte.

[11] Sie haben ihn besiegt durch das Blut des Lammes und durch ihr Wort und Zeugnis; sie hielten ihr Leben nicht fest bis hinein in den Tod.

[12] Darum jubelt, ihr Himmel, und alle, die darin wohnen.

Weh aber euch, Land und Meer! Denn der Teufel ist zu euch hinabgekommen; seine Wut ist groß, weil er weiß, dass ihm nur noch eine kurze Frist bleibt.

Albrecht Dürer (1471–1528),
Der Sturz des Drachens, Apokalypse Tafel X, 1498

Gustave Doré (1832–1883),
Der Sturz Luzifers, 1865

Personifizierungen des Bösen

Heilung des Besessenen von Gerasa (Lk 8,26–39), Evangeliar Otto III., Reichenau, Ende 10. Jh. (Detail)

■ Die im Neuen Testament so oft beschriebene Austreibung von Dämonen und bösen Geistern soll die Kraft des Messias gegenüber allem deutlich machen, was buchstäblich und im übertragenen Sinne Menschen fesselt und gefangen hält. Krankheiten des Geistes und des Körpers und Ängste vor dem Unerklärlichen, oft als dämonische personifiziert, werden von ihm gebannt.
In den Tiefen des Sees Gennesaret sind nach Überzeugung der Fischer, die kaum schwimmen konnten, Dämonen zu Hause. Dass Jesus »über das Wasser geht«, ist bildhafter Ausdruck für seine Macht über sie. Die in Gerasa von Jesus gebannte Legion der Dämonen fährt zunächst in die unreinen Schweine und dann mit diesen in die Tiefe des Sees. »Zur Hölle mit den Teufeln!« könnte man dazu sagen.

▶ Einem Heuschreckenschwarm ähnlich, malte der Künstler dieses Tafelbildes unzählige Teufel. Sie sollen Besitz von einer Frau ergriffen haben, die zur Mörderin ihres Kindes und ihrer Eltern geworden war. Ein Exorzist legt, wie es das Rituale vorschreibt, eine Stola um den Hals der Frau und treibt unter Gebeten die bösen Geister aus.

Exorzismus
Meister der Cranach-Nachfolge, Szene aus dem Kleinen Mariazeller Wunderaltar (Detail), Tafelbild, 1512

Das Gleichnis vom reichen Prasser und dem armen Lazarus (Lk 16,19–31)
Codex Aureus, Echternach, um 1030 (Detail)

▲ Verzehrendes Feuer steht in der Bibel für Naturkatastrophen und Kriege und ist Metapher für Bestrafung und Verdammnis (vgl. Mt 3,10–11; Mt 5,22; Mt 25,41; Mk 9,43; Lk 16,24; Hebr 10,27; Offb 20,14).

▼ Teufelsdarstellungen dieser Art sind im Mittelalter sehr häufig. Sie vereinen Bilder vom heidnischen Hirtengott Pan – dargestellt mit Ziegenkopf, Ziegenbart, Hörnern und Ziegenfüßen – mit solchen vom abtrünnigen Engel Luzifer, dessen Engelsflügel zu Drachenflügeln geworden sind. Teufels- und Höllenbilder sollten Angst erzeugen und Menschen zu angepasstem Verhalten erziehen. Oft überwog (und überwiegt?) die Angst vor Teufel und Hölle das Vertrauen in den liebenden, rettenden Gott.

Francesco Maria Guazzo
(Mailand 15??–16??)
Osculum Infame – Kuss auf das Gesäß des Teufels
Holzschnitt (1608) aus einem Buch, das sich mit Teufelsverehrung, Hexerei und Zauberei befasst

14 HABEN WOLLEN – HERRSCHEN WOLLEN – GOTT SEIN WOLLEN

■ Nach seiner Taufe ist Jesus drei Versuchungen ausgesetzt, die auf die Befriedigung solcher Bedürfnisse zielen, die wir unreflektiert von Kindheit an verfolgen. Wir wollen haben und uns Vieles einverleiben, wollen herrschen, wollen unverwundbar und unsterblich sein.

■ Die lukanische Version der Versuchungen Jesu erwähnt über Matthäus hinaus, dass »der Teufel danach für eine gewisse Zeit« von Jesus abließ (Lk 4,13). In der Tat ist es nicht gut vorstellbar, dass Jesus im Zuge seiner Sendung keine inneren Anfechtungen erlitten haben sollte. Seine letzte große Anfechtung schildern die Evangelisten in Verbindung mit seinen Gebeten im Garten Getsemani kurz vor seiner Festnahme. Zuvor lobt er die Jünger: »In allen meinen Prüfungen habt ihr bei mir ausgeharrt« (Lk 22,28) (▶ S. 67).

■ Aus psychologischer Sicht zielt die erste Versuchung nicht allein auf den aktuellen Hunger, sondern auf das Haben- und Sich-einverleiben-Wollen, das uns Menschen als entwicklungsgeschichtliches Erbe eigen ist. Die zweite Versuchung muss auf jede Form des Herrschen- und Macht-haben-Wollens ausgelegt werden. Die versprochene »Herrlichkeit« – ein göttliches Attribut – und die Bedingung, den Versucher anzubeten, rühren an die Macht und Herrlichkeit Gottes selbst. Die dritte Versuchung lockt mit dem Angebot, immer getragen und geschützt zu werden, also unverwundbar und unsterblich zu sein – wie Gott (▶ S. 68 f.).

■ An anderen Stellen des Neuen Testaments treffen wir diese Versuchungen wieder. So will z.B. im Anschluss an eine Brotvermehrung das Volk Jesus zum König machen (Joh 6,15). Die Jünger verlangen nach Machtposten im kommenden Gottesreich (z.B. Mt 20,20–28 par). Besitz und Reichtum stehen zur Rede und sind unvereinbar mit der Nachfolge Jesu (z.B. Mt 19,16–26 par).

■ Täglich führen uns die Medien die Aktualität dieser Thematik vor Augen. Berichte und Fotos belegen, dass und in welchem Ausmaß Einzelne und ganze Gesellschaften nach Besitz und Macht streben, rücksichtslos die Menschenrechte verletzen, sich vom Diktat des Profits lenken lassen und dafür buchstäblich über Leichen gehen. Die Ausbeutung der Menschen und der natürlichen Ressourcen in den unterentwickelten Ländern erfolgt so systematisch und hochprofessionell, dass sich in den Ländern der Wohlhabenden und Reichen kaum jemandes Gewissen rührt, wenn zum Beispiel aus Afrika importierte Blumen und Früchte oder in Bangladesh und Pakistan gefertigte Textilien bei uns zu Spottpreisen zu haben sind. Milan Kunc, Wolfgang Mattheuer und Dieter Groß stellen mit Mitteln der bildenden Kunst den ungezähmten Hunger nach Bedürfnisbefriedigung, Besitz und Macht in den Kontext unserer Zeit und Gesellschaft. Die Antwort auf die Fragen aus aus Mt 4, »wovon die Menschen leben« und wie sie »Gott allein dienen« können, müssen die Betrachtenden finden (▶ S. 68 f.).

■ Von Bedeutung ist die Auffassung, dass Gott nicht in Versuchung führt. Das Schlechte und die Bosheit kommen aus dem Inneren der Menschen (vgl. Mt 15,19 par; Jak 1,12–15). Entsprechend ist die sechste Vater-unser-Bitte zusammen mit der siebten als Bitte an Gott auszulegen, uns »vor dem Bösen zu bewahren« (vgl. Joh 17,15) (▶ S. 70).

VERSUCHUNGEN

Lk 4,1–13 (vgl. Mt 4,1–11)

[1] Erfüllt vom Heiligen Geist, verließ Jesus die Jordangegend. Darauf führte ihn der Geist vierzig Tage lang in der Wüste umher, [2] und dabei wurde Jesus vom Teufel in Versuchung geführt. Die ganze Zeit über aß er nichts; als aber die vierzig Tage vorüber waren, hatte er Hunger.

[3] Da sagte der Teufel zu ihm: Wenn du Gottes Sohn bist, so befiehl diesem Stein, zu Brot zu werden. [4] Jesus antwortete ihm: In der Schrift heißt es: Der Mensch lebt nicht nur von Brot.

[5] Da führte ihn der Teufel auf einen Berg hinauf und zeigte ihm in einem einzigen Augenblick alle Reiche der Erde. [6] Und er sagte zu ihm: All die Macht und Herrlichkeit dieser Reiche will ich dir geben; denn sie sind mir überlassen, und ich gebe sie, wem ich will. [7] Wenn du dich vor mir niederwirfst und mich anbetest, wird dir alles gehören. [8] Jesus antwortete ihm: In der Schrift steht: Vor dem Herrn, deinem Gott, sollst du dich niederwerfen und ihm allein dienen.

[9] Darauf führte ihn der Teufel nach Jerusalem, stellte ihn oben auf den Tempel und sagte zu ihm: Wenn du Gottes Sohn bist, so stürz dich von hier hinab; [10] denn es heißt in der Schrift: Seinen Engeln befiehlt er, dich zu behüten; [11] und: Sie werden dich auf ihren Händen tragen, damit dein Fuß nicht an einen Stein stößt. [12] Da antwortete ihm Jesus: Die Schrift sagt: Du sollst den Herrn, deinen Gott, nicht auf die Probe stellen.

[13] Nach diesen Versuchungen ließ der Teufel für eine gewisse Zeit von ihm ab.

Der Teufel

■ (griech. bei Lk: *Diabolos* = Durcheinanderbringer) verkörpert hier den »Schatten« Jesu, seine innere Auseinandersetzung mit seiner Sendung.

Von rechts kommend, verstellt der Teufel Jesus den Weg. Der wird frei, wenn er den Versucher besiegt.

Jesus und sein Versucher sind durch den Baum des Lebens getrennt – eine Anspielung an die Urversuchung Adams und Evas (vgl. S. 60).

Für Jesus geht es hier um mehr als die Stillung des Hungers. Der Angriff des Teufels wird seine existenzielle Herausforderung. Der Sinn seines Lebens und seiner Sendung stehen auf dem Spiel.

Die erste Versuchung Jesu
Albani-Psalter, England, 12. Jh.

Haben wollen – herrschen wollen – Gott sein wollen

VERSUCHUNGEN IM BLICK ZEITGENÖSSISCHER KÜNSTLER

▼ Drastischer als Milan Kunc kann man die Gefräßigkeit unserer Gesellschaft kaum vorführen. Nackte Hähnchen auf dem Fließband, ein Rinderkopf als Fast-Food-Opfer, endloser Warenverkehr, normierte Menschen am Automaten, eine Blutwurst als Bürogebäude – und passend zu allem: Kloschüsseln bis in den Horizont. Aus bewölktem Himmel brechen inszenierte Lichtstrahlen wie ein überirdisches Heilsversprechen auf die Konsumwelt herunter, die sich im Unendlichen verliert. Ihre Gebäude dort bestehen aus gebleichten Knochen: »Ein ganz normaler Tag«.

▶ Wolfgang Mattheuer – Künstler in der ehemaligen DDR – hält sowohl der Marktwirtschaft des Westens als auch der sozialistischen Wirtschaft des Ostens den Spiegel vor. Über eine schlachthausfarbene Stadt legt er einen zynisch grinsenden Riesen, der sie bedrohlich überschattet und an der er wächst. »Stadt« wird hier zur komplexen Metapher für die Herrschaft des Kapitals und der Konzerne, für Machbarkeitswahn und ungebremste globale Expansion – und für die dadurch bewirkte Unterdrückung und Ausbeutung der Menschen und der Natur.

Milan Kunc (geb. 1944), Normal Day, 2005

Wolfgang Mattheuer (1927–2004), Koloss II, 1970

Dieter Groß (geb. 1937), Christus mit Dornenkrone, 1988

◀ Traditionelle Verspottungsszenen nach Mt 27, 27–31 stellen Jesus in die Mitte und damit zur Schau. Ganz anders verfährt Dieter Groß, der den Verhöhnten kaum wahrnehmbar im Hintergrund belässt und stattdessen die verzerrten Gesichter der Spötter mit weit herausgefahrenen Zungen plakativ in den Vordergrund bringt. Die Situation wird – wie die ganze Passion – für Jesus zur Bewährung seines Vertrauens in Gott. Er ist nicht unverwundbar, aber durch sein Schweigen und seine Haltung den Spöttern entzogen. Sie sind es, die Gott herausfordern und sich als »Gott« aufspielen, indem sie den Menschen verachten.

Die Vater-unser-Bitten in Mt 6,13
Und führe uns nicht in Versuchung,
sondern rette uns vor dem Bösen.

■ Zunächst wird Gott im »Vaterunser« um die Heiligung seines Namens gebeten, dann darum, sein Reich anbrechen und seinen Willen geschehen zu lassen, uns das tägliche Brot zu geben und uns unsere Schuld zu vergeben. Die Bitten zielen auf das schöpferische Tun Gottes.

Das gilt auch für die 6. und 7. Bitte, die zwar das Zerstörerische des Bösen thematisieren, aber dagegen das rettende Tun Gottes stellen. »Entreiße uns dem Bösen«, hat Fridolin Stier die siebte Bitte übersetzt.

Um welche Art von Versuchung es sich in der 6. Bitte handeln könnte, darf man in Analogie zu den Versuchungen Jesu (Mt 4,1–11; Lk 4,1–13) festmachen. Dort sind es die Herausforderungen der Menschen durch das Haben-, das Herrschen- und das Wie-Gott-sein-Wollen. Mit Mt 6,13 wird Gott gebeten, uns dagegen zu immunisieren und uns bei der grundlegenden Entscheidung zu helfen, wem wir dienen wollen – Gott allein oder dem Bösen (vgl. Mt 4,8).

Rabbinische Kommentare zum jüdischen Abendgebet betonen, dass nicht Gott die Menschen in Versuchung bringt. Nach ihnen entspringt die Versuchung einer Umwelt, in der das Recht des Stärkeren gilt und der Gläubige wegen seines Glaubens unterdrückt wird. Nach Mt 15,18–19 kommt alles Unreine und Böse »aus dem Herzen« der Menschen.

▶ Judas und hinter ihm der Versucher als sein »Schatten«

Giotto di Bondone (1266–1337), Judas verrät Jesus beim Hohen Rat (Detail)
Fresko in der Capella degli Scrovegni, Padua, 1302–1305

Jak 1,12–15
[12] Glücklich der Mann, der in der Versuchung standhält. Denn wenn er sich bewährt, wird er den Kranz des Lebens erhalten, der denen verheißen ist, die Gott lieben. [13] Keiner, der in Versuchung gerät, soll sagen: Ich werde von Gott in Versuchung geführt. Denn Gott kann nicht in die Versuchung kommen, Böses zu tun, und er führt auch selbst niemand in Versuchung. [14] Jeder wird von seiner eigenen Begierde, die ihn lockt und fängt, in Versuchung geführt. [15] Wenn die Begierde dann schwanger geworden ist, bringt sie die Sünde zur Welt; ist die Sünde reif geworden, bringt sie den Tod hervor.

15 GLAUBENSPROBE UND OPFER

■ Dass nach Gen 22 Abraham seinen Sohn wie ein Opfertier schlachten wollte, um seinen Glauben zu beweisen, gehört zu den dunkelsten Texten des Ersten Testaments. Auch wenn die Geschichte am Ende gut ausgeht – es bleiben die mit der Erprobung erlittenen Wunden, es bleibt die Frage nach dem Gottesbild.

■ Die »Bindung Isaaks« wird im Judentum als Beispiel für den Glauben Abrahams und für das rettende Eingreifen Gottes gesehen. Auch das frühe Christentum betrachtet Gen 22 zunächst als Errettungsparadigma und stellt darum diese Szene auf Sarkophagen und in Katakomben mit der Absicht dar, den Glauben an die Auferstehung zu bekunden.

■ Eine typologisch-allegorische Auslegung durch die Kirchenväter führt aber schon im 3. und 4. Jh. zur christologischen Deutung. Abraham steht danach für Gott, der mit dem Tod Jesu am Kreuz »seinen eigenen Sohn nicht verschont, sondern ihn für uns alle hingegeben« hat (Röm 8,32), und Isaak steht für Jesus, der den Sühne-Tod für unsere Sünden auf sich nahm. Diese Auslegung stößt bei heutigen Zeitgenossen auf Unverständnis und Widerspruch. Wenn sie sich auf den Satz beschränkt, Gott habe Jesus zur Sühne für unsere Sünden in den Tod gegeben und uns nur auf diese Weise erlöst, führt sie in die Enge. Erlösende Wirkung hat der Tod Jesu nur in Einheit mit seiner Menschwerdung, seinem Evangelium und seiner Auferstehung (▶ S. 72 f.).

■ Entscheidend für den zeitgenössischen Widerspruch ist aber das hinter Gen 22 angenommene Gottesbild und seine Nähe zu archaischen Menschenopfern und den ihnen zugrundeliegenden gewaltverhafteten Gottesvorstellungen. Die schriftlichen Äußerungen der Schülerinnen und Schüler im Religionsunterricht (2005) geben exemplarisch Zeugnis davon (▶ S. 73).

■ Gen 22 rückt im Übrigen eine ganz andere Fragestellung in den Blick, die nahe liegt, die man hier aber nicht erwartet. Wie geht die jetzige Väter-Generation mit der Generation ihrer Kinder um? Opfert sie nicht, besessen von der Richtigkeit ihres Denkens, die nächste Generation ihren ökonomischen Interessen und Idealen?

KEIN OPFER

Sighard Gille (geb. 1941), Das Opfer (Abraham), 1983

◄ Gilles Radierung unterscheidet sich von unzähligen anderen Darstellungen zum selben Thema. Kein eingreifender Engel ist zu sehen, kein Widder im Gestrüpp als Ersatz für das Menschenopfer. Schwer liegt Abrahams Hand auf seinem Sohn. Die Szene spielt sich unter schwarzem Himmel ab. Gottesfinsternis – oder Umnachtung des Denkens Abrahams? Plötzlich entdeckt man ein Gesicht in den Konturen des Altares …

► Maria Kassel stieß folgende verwandelnde Imagination an, mit der bei geschlossenen Augen ein bewusstes Hervorrufen innerer Bilder erreicht werden sollte:
»Ich, Abraham, gehe mit meinem Sohn Isaak zum Berg Gottes. / Gott verlangt meinen Sohn für sich. Ich soll mein Kind Gott überlassen. / Der Weg zieht und zieht sich hin – ich zögere sein Ende hinaus. / Ich fange an, mit Gott über mich und mein Kind zu sprechen.« Danach folgten 20 Minuten Schweigen.
Dabei stellte sich spontan die ungeahnte Reaktion ein: »Ich, Abraham, Gott über mir, stoße ihm mein Messer ins Herz.« – Es ging überraschend schnell und war ganz leicht: das Umbringen eines tödlichen Gottesbildes.

Vgl. dazu Maria Kassel, Gott im Wandel. Imaginationen zu Gen 22, in: Katechetische Blätter 130 (2005) 117–121.

Jan Heiner Schneider (geb. 1940), Kein Opfer, 2008

Abrahams Opfer – Sarah spricht

5 ■ Ich glaube es nicht, was du mir hier erzählst, Abraham! Wie konntest du unser einziges gemeinsames Kind opfern wollen? Wie konntest du daran nur denken? Merktest du nicht, dass du al-

10 les, einfach alles, sogar das, was, wie ich dachte, dir am wichtigsten ist in deinem Leben, für deinen Gott aufgeben würdest?! Wieso tust du das? Und was kriegst du dafür? Was schenkt dir dein Gott? Was ist der Dank dafür, dass du so ein gläubiger Mensch bist? Ich werde es dir sagen: Du be-

15 kommst nichts! Dein Gott schenkt dir nichts, und du wirst auch nicht bevorzugt.
Ich ertrage das nicht länger. Ich bin alt, und ich habe für so etwas keine Nerven mehr. Du enttäuschst mich, weil du gar keine Gefühle zeigst,

20 noch nicht einmal Reue. Du hast kein Gewissen. Du hast schon alles deinem Gott geopfert. Und jetzt stehst du vor der Wahl: Ich oder dein Gott! Du brauchst mir nicht zu antworten, ich kenne deine Antwort: Du wirst mich aufgeben und dich

25 für Gott entscheiden. Er ist dir wichtiger als alles andere auf der Welt. Es tut mir leid, dir kann man nicht mehr helfen. Ich werde mit Isaak die Stadt verlassen und hoffe, dass ich dir nie mehr begegnen muss. Ich wünsche dir noch ein schönes

30 Leben, du wirst sehr einsam sein.

Svenja, 17 Jahre

Abrahams Opfer – Isaak spricht

5 ■ Ich bin zutiefst enttäuscht über den Vorfall des heutigen Tages. Mein Vater wollte mich … – ich kann's gar nicht aussprechen! Mich, seinen einzigen Sohn, wollte er töten, ermorden, die Kehle durchschneiden und opfern wie ein Stück Lamm.

10 Was sagte er mir: »Gott wird sich das Opferlamm aussuchen, mein Sohn.« Mein Sohn – was sind das noch für Worte? Was spiele ich für eine Rolle? Sein geliebter Sohn soll ich sein, dass ich nicht lache! Wie kann ein Mensch nur so lügen? Wie

15 kann er mich so verletzen? Durch diese Tat hat Abraham seinen Sohn verloren. Er hat nicht mei-

nen Körper verletzt und getötet, sondern mein Herz. Er hat sich selbst vielleicht den Glauben an Gott bewiesen, aber dadurch hat er mich verloren. Ich habe keinen Vater mehr. Gott hat einen 20 Gläubigen, ich habe Vater und Gott verloren. Mein Vater sagt, er hätte es für Gott gemacht. Er wurde von ihm beauftragt, mich zu opfern. Was ist das für ein Gott? Mein Vater zweifelte nicht, er war fest entschlossen, mich zu töten, um Gott sei- 25 nen Glauben zu zeigen. Was ist das für ein Vater?

Simone, 17 Jahre

Abrahams Opfer – Gott erklärt sich

■ Abraham, du hast mir heute deinen Glauben 5 an mich bewiesen. Doch fühlst du dich jetzt bestätigt, richtig gehandelt zu haben? Hättest du mir deinen Sohn als Opfer vorenthalten, hättest du dann jetzt das Gefühl, falsch gehandelt zu haben? Aus Ehrfurcht vor deinem Gott hättest du 10 mir deinen einzigen Sohn ohne zu zögern geopfert. Hättest du es nicht getan, hättest du jetzt Angst vor einer Strafe Gottes. Doch kann ich dich dafür bestrafen, einen Menschen, der dir lieb ist, nicht getötet zu haben? 15
Hättest du deinen Sohn für mich getötet, würdest du dich jetzt nicht gestraft fühlen? Würdest du dich nicht fragen, warum nimmt Gott mir den Sohn, den er mir geschenkt hat? Dein Glaube zu mir ist stärker als die Liebe zu deiner Familie. 20 Doch bin ich nicht der, der Liebe schenkt?

Stephan, 17 Jahre

16 GOTT UND DAS LEID

■ Die Frage nach dem Warum und dem Sinn des Leids greift die Menschen wie keine andere Frage existenziell an. Wenn jemand sein Unglück durch eigenes Verhalten verursacht hat, wird er vielleicht das Warum, kaum aber die Sinnfrage beantwortet finden. Man muss das Buch Ijob lesen. Und weiter fragen.

■ Zehn Thesen erfassen die meisten der in unserem Kulturkreis gehegten Auffassungen zur Leidensproblematik. Man kann alle oder ausgewählte diskutieren. Man kann sie als Karten ausgeben und auffordern, sie nach Zustimmung und Ablehnung zu sortieren oder nach Relevanz in Form einer Pyramide auszulegen (▶ S. 75).

■ In das Thema einsteigen kann man mit einer Betrachtung des Holzschnitts von Jakob Steinhardt oder – sehr viel kontroverser – mit dem SPIEGEL-Titel »Gott ist an allem schuld!« (▶ S. 74 und S. 79).

■ Großer Raum ist dem Buch Ijob gewidmet. Es zählt, was das Thema »Leiden« angeht, zu den großen Werken der Weltliteratur. Ein Überblick über die Abfolge der Kapitel bietet eine erste Orientierung. Wenn man sich nicht entschließen kann, das ganze Buch zu lesen, kann die stark gekürzte und bearbeitete Zusammenfassung nach Erich Zenger helfen, eine Textauswahl zu treffen. In erster Linie soll sie zum Verständnis des ganzen Buches beitragen (▶ S. 76 ff.).

■ Auszüge aus Briefen Dietrich Bonhoeffers lassen die Frage nach dem Leid hinter der Frage nach dem rechten Gottesbegriff zurücktreten. Der »Lückenbüßer-Gott«, der in Katechese und Pastoral so oft herhalten muss, wenn der (Christen-)Mensch nicht weiterweiß, wird abgewiesen. Sein Festhalten an Gott – einem mitleidenden Gott – trifft sich nicht zufällig mit Überzeugungen jüdischer Autoren angesichts der Katastrophe der Shoa (vgl. Harold S. Kushner und Zvi Kolitz, S. 83 und 84) (▶ S. 80).

■ Sehr ergiebig kann das Gespräch über einzelne Zitate aus dem Buch Ijob sein. Was ist z. B. das für ein »Wissen«, das Ijob trotz seiner »zerfetzten Haut und seinem geschundenen Fleisch« überzeugt sein lässt, dass seine Augen Gott »schauen werden, nicht mehr fremd« (19,25–27)? Was erfahre ich, wenn ich mich einfühle in die Situation der Gattin Ijobs (2,9)? (▶ S. 78).

ZEHN THESEN ZUM EINSTIEG

Leiden sind gerechte Strafen Gottes an Menschen, die sich versündigt haben.	Leiden sind erzieherische Maßnahmen Gottes, mit denen er vor Schlimmerem bewahrt.
Leiden dienen zur Sühnung und Abgeltung eigener und fremder Schuld.	Leiden werden als Anfechtungen und Herausforderungen des Bösen von Gott zugelassen.
Leiden sind ein Überfall Gottes und eine Glaubensprobe für diejenigen, die er besonders liebt.	Leiden sind eine natürliche Folge aus der Vergänglichkeit alles Existierenden.
Leiden sind der Preis, den man für Genuss, Lust und Lebensfreude zahlen muss.	Leiden bewahren die Menschen vor Hochmut.
Leiden können alle Menschen treffen und haben nichts mit Gott zu tun.	Leiden führen vor die Fragen nach Gott und nach dem Sinn des Lebens.

DIE KAPITEL DES BUCHES IJOB
entstanden zwischen dem 5. und dem 3. Jh. v. Chr.

Prolog	Kap. 1	Ijobs Glück – Satan vor Jahwe – Erste Prüfung Ijobs
	Kap. 2	Satan vor Jahwe – Zweite Prüfung – Teilnahme der Freunde
Dialoge	Kap. 3	Ijobs Klage
	Kap. 4–14	Erste Redefolge: Elifas – Ijob – Bildad – Ijob – Zofar – Ijob
	Kap. 15–21	Zweite Redefolge: Elifas – Ijob – Bildad – Ijob – Zofar – Ijob
	Kap. 22–27	Dritte Redefolge: Elifas – Ijob – Bildad – Ijob
	Kap. 29–31	Ijobs Herausforderung Gottes
	Kap. 32–37	Vier Reden Elihus
	Kap. 38–40,2	Erste Rede Jahwes
	Kap. 40,3–5	Erste Antwort Ijobs
	Kap. 40,6–41,26	Zweite Rede Jahwes
	Kap. 42,1–6	Zweite Antwort Ijobs
Epilog	Kap. 42,7–9	Jahwes Urteil über die drei Freunde
	Kap. 42,10–17	Ijobs Wiederherstellung

Jakob Steinhardt (1887–1968), Ijob, 1957

FRAGEN UND ANTWORTEN AUS DEM BUCH IJOB
theologische Akzente

Das rechte Verhalten im Leid

1. Die Rahmenerzählung sieht in der gottergebenen Annahme des Leids die angemessene menschliche Haltung. Ijob hadert und klagt nicht, er nimmt das Leid ohne Frage nach dem Warum an (1,21–22).

2. Im Dialogteil steigert sich die große Klage Ijobs bis zur Anklage Gottes (9,14–35). Ijob weigert sich, die Haltung des gottergebenen Dulders einzunehmen (6,1–13; 7,11; 10,1).

3. In den Gottesreden wird Ijob zurechtgewiesen, weil er den Vorwurf erhoben hatte, die Erde sei ein Chaos (3; 21,7–11) und in die Hand eines Verbrechers gegeben (9,24). Er wird (rhetorisch) gefragt, ob er die Rolle des Schöpfergottes einnehmen kann (40,9–14) und Gesetze der Erhaltung der Schöpfung kennt. Ijob gesteht ein, über Dinge geredet zu haben, die für ihn zu hoch und zu wunderbar sind (42,3.6).

4. Ijobs Freunde versagen, weil ihre »Gotteslehre« eine Rede über Gott bleibt und nicht im solidarischen Mit-Leiden zu einer (an)klagend, fragend und bittend an Gott gerichteten Rede wird. So verdunkeln sie das Antlitz JHWHs, den sie doch eifrig verteidigen wollen.

Grund und Zweck des Leids

1. In der möglicherweise ältesten Form der Rahmenerzählung (ohne die beiden Himmelsszenen) wird die Frage nach dem Warum des Leides nicht thematisiert.

2. Die Himmelsszenen bedenken diese Frage: Gott lässt das Leid zu.

3. Die Freunde geben vier Antworten auf die Frage nach Ursache und Zweck des Leids:
   a. Leid ist eine Folge menschlicher Schuld, ist Bestrafung und Sühne und Mahnung zur Umkehr (36,10).
   b. Leid gehört zur Natur des Menschen, es ist Folge seiner Kreatürlichkeit (4,17–21; 5,7; 9,2; 15,14–16; 25,4–6).
   c. Leid ist eine Form göttlicher Erziehung und Zurechtweisung, durch die der Mensch vor dem Untergang bewahrt wird (5,17–18).
   d. Leid ist eine Prüfung des Frommen. Im Leid soll sich zeigen, ob sein Glaube echt ist.

4. Die Gottesreden (38–40,2; 40,6–41,26) gehen auf diese theologischen Auffassungen der drei Freunde nicht weiter ein, in 42,7–10 werden sie ausdrücklich verworfen. Sie gehen aber auch auf das Leiden Ijobs nicht ein. Stattdessen führen sie ihm die Ordnung der Natur vor Augen, die seinem Erkenntnisvermögen und seiner Verfügungsgewalt entzogen ist.
   Die Gottesreden führen Ijob von der Anthropozentrik zur Kosmozentrik und weiter zur Theozentrik. Sie richten den Blick von den existenziellen Fragen des Einzelnen und der Menschheit auf die ganze Schöpfung und über sie hinaus auf die Anerkenntnis und Erkenntnis Gottes.
   Sie bringen Ijob zum Einverständnis mit seinem Schicksal, indem sie ihm das Geheimnis der Schöpfung vor Augen führen. Seine Fragen und Klagen werden nicht von irgendwelchen Dritten beantwortet, sondern von dem in der Schöpfung anwesenden und ihm antwortenden Gott (42,5).

S. 76–77 nach: Erich Zenger u. a., Einleitung in das Alte Testament, Stuttgart u. a. 1995, 231–232 und 239–242, Text stark gekürzt und bearbeitet.

Gott und das Leid

DIE BEDEUTUNG DES IJOB-BUCHES

1. Das Buch Ijob stellt jede Theologie in Frage, die den Schmerz, die offenen Fragen und die an Gott gerichtete (An-)Klage nicht zulässt, weil sie darin ihre Gotteslehre gefährdet sieht. Das Buch Ijob ist ein Plädoyer für den leidenden Menschen und eine besondere Mahnung an die christliche Theologie, zu bedenken, dass die Erlösung noch nicht zu ihrem Abschluss gekommen ist.

2. Mit der Kritik am Verhalten der drei Freunde fordert das Buch »zwischen den Zeilen« zur Solidarität mit den Leidenden auf. Es kommt nicht darauf an, das Leid zu verstehen, sondern es zu bestehen.

3. Das Buch artikuliert die Hoffnung, dass JHWH den Leidenden nicht für immer im Leid belässt. Die oft als »Happy End« karikierte Wiederherstellung Ijobs stellt JHWH als einen Gott vor Augen, der gerade den Leidenden Leben in Fülle erwirken will und erwirken kann.

■ Der Verlust ihrer Kinder und die Krankheit ihres Mannes lassen die Frau an Gott irrewerden. Darum ihr Ausruf: »Willst du Gott immer noch die Treue halten? Verfluche ihn und stirb!« (Ijob 2,9). Die Gotteskrise trifft – was man oft übersieht – ebenfalls Ijobs Frau und wird für beide auch zur Beziehungskrise.

Ijob im Gespräch mit seiner Frau
Ijob-Handschrift, Katharinenkloster, Sinai, 11. Jh.

DER SPIEGEL – Titel Nr. 22 / 2007
vom 26.5.2007

MITTEN IM LEBEN MUSS GOTT ERKANNT WERDEN
Dietrich Bonhoeffer

■ Es ist mir wieder ganz deutlich geworden, dass man Gott nicht als Lückenbüßer unserer unvollkommenen Erkenntnis figurieren lassen darf; wenn nämlich dann – was sachlich zwangsläufig

5 ist – sich die Grenzen der Erkenntnis immer weiter herausschieben, wird mit ihnen auch Gott immer wieder weggeschoben und befindet sich demgemäß auf einem fortgesetzten Rückzug. In dem, was wir erkennen, sollen wir Gott finden,

10 nicht aber in dem, was wir nicht erkennen; nicht in den ungelösten, sondern in den gelösten Fragen will Gott von uns begriffen sein. Das gilt für das Verhältnis von Gott und wissenschaftlicher Erkenntnis. Aber es gilt auch für die allgemein

15 menschlichen Fragen von Tod, Leiden und Schuld. Es ist heute so, dass es auch für diese Fragen menschliche Antworten gibt, die von Gott ganz absehen können. Menschen werden faktisch – und so war es zu allen Zeiten – auch ohne

20 Gott mit diesen Fragen fertig, und es ist einfach nicht wahr, dass nur das Christentum eine Lösung für sie hätte. Was den Begriff der »Lösung« angeht, so sind vielmehr die christlichen Antworten ebenso wenig – oder ebenso gut – zwingend

25 wie andere mögliche Lösungen. Gott ist auch hier kein Lückenbüßer; nicht erst an den Grenzen unserer Möglichkeiten, sondern mitten im Leben muss Gott erkannt werden; im Leben und nicht erst im Sterben, in Gesundheit und Kraft und

30 nicht erst im Leiden, im Handeln und nicht erst in der Sünde will Gott erkannt werden. Der Grund dafür liegt in der Offenbarung Gottes in Jesus Christus. Er ist die Mitte des Lebens und ist keineswegs »dazu gekommen«, uns ungelöste

35 Fragen zu beantworten.

■ Und wir können nicht redlich sein, ohne zu erkennen, dass wir in der Welt leben müssen – »etsi deus non daretur« (als ob es keinen Gott gäbe).

40 Und eben dies erkennen wir – vor Gott! Gott selbst zwingt uns zu dieser Erkenntnis. So führt uns unser Mündigwerden zu einer wahrhaftigen Erkenntnis unserer Lage vor Gott. Gott gibt uns zu wissen, dass wir leben müssen, als solche, die

mit dem Leben ohne Gott fertigwerden. Der 45 Gott, der mit uns ist, ist der Gott, der uns verlässt (Markus 15,34)! Der Gott, der uns in der Welt leben lässt ohne die Arbeitshypothese Gott, ist der Gott, vor dem wir dauernd stehen. Vor und mit Gott leben wir ohne Gott. Gott lässt sich aus die- 50 ser Welt herausdrängen ans Kreuz, Gott ist ohnmächtig und schwach in der Welt und gerade und nur so ist er bei uns und hilft uns. Es ist in Matthäus 8,17 ganz deutlich, dass Christus nicht hilft kraft seiner Allmacht, sondern kraft seiner 55 Schwachheit, seines Leidens!

Hier liegt der entscheidende Unterschied zu allen Religionen. Die Religiosität des Menschen weist ihn in seiner Not an die Macht Gottes in der Welt, Gott ist der deus ex machina. Die Bibel weist den 60 Menschen an die Ohnmacht und das Leiden Gottes; nur der leidende Gott kann helfen. Insofern kann man sagen, dass die beschriebene Entwicklung zur Mündigkeit der Welt, durch die mit einer falschen Gottesvorstellung aufgeräumt wird, 65 den Blick freimacht für den Gott der Bibel, der durch seine Ohnmacht in der Welt Macht und Raum gewinnt.

Dietrich Bonhoeffer, (1906–1945), evangelischer Theologe, schloss sich der politischen Widerstandsbewegung gegen das NS-Regime an, wurde am 5.4.1943 festgenommen und am 9.4.1945 im Konzentrationslager Flossenbürg umgebracht. Die zitierten Äußerungen stammen aus Briefen, die er am 25.5.1944 und am 16.7.1944 einem Freund geschrieben hat.

In: Ders., Widerstand und Ergebung. Briefe und Aufzeichnungen aus der Haft, Christian Gremmels / Eberhard Bethge / Renate Bethge (Hg.), Gütersloh 1998.

17 DIE GOTTES-FRAGE NACH AUSCHWITZ

■ Juden nennen, was ihnen in den Jahren 1933 bis 1945 angetan wurde, *Shoa* – »die Katastrophe, das größte Unglück«. Sie lehnen das oft gebrauchte englische Wort *Holocaust* zumeist ab, weil es ursprünglich ein Gott dargebrachtes und zur Gänze verbranntes Tieropfer bezeichnet. Als Opfer in diesem Sinn können und wollen Juden die *Shoa* nicht verstehen, in ihren Augen die größte Herausforderung der Gottesfrage. Auschwitz wurde zum Synonym für alle Konzentrations- und Vernichtungslager der NS-Diktatur.

■ Es wird immer schwer bleiben, Auschwitz / die *Shoa* zu thematisieren. Die seelischen Leiden und körperlichen Qualen (nicht nur, aber doch vor allem der Juden) zwingen vor eine schwarze Wand unvorstellbarer Grausamkeit.

■ Über »Gott nach Auschwitz« nachzudenken, sollte mit einigen dokumentarischen Fotos beginnen, einmal, weil sie belegen, wie die Verfolgung der Juden für alle offenkundig geschah, sodann, weil solche Fotos mit den deportierten und den ermordeten Menschen konfrontieren, mit ihren Gesichtern, Namen, Biografien. Man kann diesen Fotos gegenüber nicht unberührt und ungerührt bleiben (▶ S. 82).

■ Zwei literarische Zeugnisse werden als Beispiele dafür angeführt, wie Juden die Gottesfrage vor dem Hintergrund der *Shoa* erwogen haben. Harold S. Kushner sucht eine Antwort im mitleidenden Gott – eine Antwort, die von vielen jüdischen Autorinnen und Autoren gegeben wird und auf dramatische Weise das biblische Wort vom Mitgehen und Bei-seinem-Volk-Sein Gottes konkret macht. (▶ S. 83).
Zvi Kolitz formuliert literarisch die zwiespältige Position des verfolgten Juden. »Verliebt in Gott, aber nicht sein blinder Amen-Sager«, hält er bis zuletzt und gewissermaßen gegen Gott an Ihm fest. Sein letztes Wort ist das Sch^ema-Israel. Dessen Bedeutung haben wir im Kap. 4 erwogen, vgl. S. 22. (▶ S. 84).

■ Der Text von Johann Baptist Metz soll nicht unzulässig von der hier verhandelten Frage ablenken. Er ist hier beigefügt, weil er den Blick auf heute anstehende Entscheidungen und Verhaltensänderungen weitet, ohne welche die Christenheit erkennen lassen würde, dass sie aus ihrer Vergangenheit nichts gelernt hat – nichts über die Opfer, nichts über sich, nichts über Gott. (▶ S. 85).

Die Gottes-Frage nach Auschwitz

Brennende Synagoge, Hannover, am 9.11.1938

Fortführung jüdischer Männer in ein Konzentrationslager, Baden-Baden, November 1938

Von ihren Männern getrennte Frauen mit ihren Kindern auf der »Rampe« in Auschwitz-Birkenau

In der »Halle der Namen« in der *Shoa*-Gedenkstätte Yad Vashem in Jerusalem

GOTT AUF DER SEITE DER OPFER
Harold S. Kushner

■ Wenn man fragt: »Wo war denn Gott in Auschwitz? Wie konnte er zulassen, dass die Nazis so viele unschuldige Männer, Frauen und Kinder umbrachten?«, so antworte ich: »Es war nicht
5 Gott, der es veranlasste. Es waren Menschen am Werk, entschlossen, ihren Mitmenschen mit Grausamkeit zu begegnen.« […]
Der *Holocaust* fand statt, weil Hitler ein wahnsinniger Dämon des Bösen war, der sich entschlos
10 sen hatte, Böses und Unrecht auf der ganzen Linie zu tun. Aber er verursachte das Böse nicht allein. Hitler war schließlich nur Einer, und selbst seine Fähigkeit zum Bösen war begrenzt. Der *Holocaust* geschah, weil Tausende ihm in voller
15 Überzeugung in seinem Wahnsinn folgten.
Er geschah, weil zornige, enttäuschte Leute bereit waren, ihren Zorn und ihre Enttäuschung an unschuldigen Opfern auszulassen, sobald sie nur jemand dazu ermutigte. Er fand statt, weil es Hitler
20 gelang, Rechtsanwälte zu veranlassen, ihre Verpflichtung zur Gerechtigkeit zu vergessen, und Ärzte, ihren Eid zu verletzen. Und er fand statt, weil demokratische Regierungen ihre Völker nicht auffordern wollten, sich gegen Hitler zu er
25 heben, solange ihre eigenen Interessen nicht berührt wurden.
Wo war Gott, als all dies geschah? Warum griff er nicht ein, um es zu beenden? Warum schlug er Hitler 1939 nicht tot, um Millionen von Men
30 schenleben zu retten und unsägliches Leid zu verhindern? Warum sandte er kein Erdbeben, um die Gaskammern zu vernichten? Wo war Gott?
Ich glaube […], dass er auf der Seite der Opfer
35 stand und nicht auf der der Mörder, aber er schränkte die Wahl des Menschen zwischen Gut und Böse nicht ein. Ich glaube fest, dass die Tränen und Gebete der Opfer Gottes Mitgefühl erregten. Aber da er den Menschen nun einmal die
40 Freiheit der Wahl gewährt hatte, die Freiheit, seinem Nächsten Leid anzutun mit eingeschlossen, konnte Gott nichts tun, um es zu verhindern.
Das Christentum brachte der Welt die Vorstellung von einem Gott, der leidet, Seite an Seite mit

einem Gott, der erschafft und regiert. Das nach
45 biblische Judentum sprach ebenfalls gelegentlich von einem Gott, der leidet, einem Gott, der heimatlos geworden ist und mit seinem vertriebenen Volk ins Exil geht, von einem Gott, der weint, wenn er sieht, was seine Kinder sich gegenseitig
50 antun. Ich weiß nicht, was es für Gott bedeutet zu leiden. Ich glaube nicht, dass Gott einem Menschen wie mir vergleichbar ist, mit wirklichen Augen, die irdische Tränen weinen können, mit wirklichen Nervenenden, um Schmerz zu fühlen.
55 Aber ich möchte gern glauben, dass die Qual, die ich fühle, wenn ich von den Leiden unschuldiger Menschen lese, Gottes Qual und Mitleid widerspiegelt, auch wenn seine Art, Schmerz zu erdulden, nicht die unsere ist. Ich möchte gern glau
60 ben, dass meine Fähigkeit, Sympathie und Empörung zu empfinden, von ihm kommt, und dass er und ich auf der gleichen Seite der Opfer stehen.

Harold S. Kushner (geb. 1935) ist Rabbiner in einer jüdischen Vorstadtgemeinde in Boston, USA. – In: Ders., Wenn guten Menschen Böses widerfährt, Gütersloh [4]1994, 81–84.

Die Gottes-Frage nach Auschwitz

TROTZ ALLEM AN GOTT GLAUBEN
Zvi Kolitz

■ Ich sterbe ruhig, aber nicht befriedigt; ein Geschlagener, aber kein Versklavter; ein Verbitterter, aber kein Enttäuschter; ein Gläubiger, aber kein Beter; ein Verliebter in Gott, aber nicht sein
5 blinder Amen-Sager.

■ Ich bin ihm nachgegangen, auch wenn er mich von sich geschoben hat; ich habe sein Gebot erfüllt, auch wenn er mich dafür geschlagen hat; ich
10 habe ihn liebgehabt und war und bin verliebt in ihn, auch wenn er mich bis in den Staub erniedrigt, zu Tode gepeinigt, zur Schande und zum Gespött gemacht hat.

15 ■ Mein Rabbi hat mir immer wieder eine Geschichte erzählt von einem Juden, der mit Frau und Kind der spanischen Inquisition entflohen ist und sich über das stürmische Meer in einem kleinen Boot zu einer steinigen Insel durchge-
20 schlagen hat. Es kam ein Blitz und erschlug seine Frau. Es kam ein Sturm und schleuderte sein Kind ins Meer. Allein, elend wie ein Stein, nackt und barfuß, geschlagen vom Sturm und geängstigt von Donner und Blitz, mit zerzaustem Haar
25 und die Hände zu Gott erhoben, ist der Jude seinen Weg weitergegangen auf der wüsten Felseninsel und hat sich so an Gott gewandt:

■ »Gott von Israel – ich bin hierher geflohen, um
30 Dir ungestört dienen zu können, um Deine Gebote zu befolgen und Deinen Namen zu heiligen. Du aber tust alles, dass ich nicht an Dich glauben soll. Wenn Du aber meinen solltest, es werde Dir gelingen, mich mit diesen Versuchungen vom
35 richtigen Weg abzubringen, so sage ich Dir, mein Gott und Gott meiner Väter: Es wird Dir gar nicht helfen. Magst Du mich beleidigen, magst Du mich schlagen, magst Du mir das Teuerste und Liebste nehmen, das ich auf der Welt habe,
40 magst Du mich zu Tode peinigen – ich werde immer an Dich glauben. Ich werde Dich immer lieb haben, immer – Dir selbst zum Trotz!«

■ Und das sind auch meine letzten Worte an Dich, mein zorniger Gott: Es wird Dir nicht ge-
45 lingen! Du hast alles getan, dass ich von Dir enttäuscht bin, dass ich nicht an Dich glauben soll. Ich aber sterb genau wie ich gelebt habe, ein unerschütterlich an Dich Glaubender.

■ Gelobt soll sein auf ewig der Gott der Toten,
50 der Gott der Vergeltung, der Wahrheit und des Gerichts, der bald wieder sein Gesicht vor der Welt enthüllen und ihre Grundfesten mit seiner allmächtigen Stimme erschüttern wird. Hör Israel, der Ewige ist unser Gott, der Ewige ist einzig!
55

Zvi Kolitz (1919–2002), litauischer Journalist und Schriftsteller jüdischen Glaubens, ging 1946 nach Buenos Aires und veröffentlichte dort im selben Jahr in einer Zeitung »Jossel Rakovers Wendung zu Gott« in jiddischer Sprache. Es handelt sich um fiktive Aufzeichnungen eines jüdischen Widerstandskämpfers im Warschauer Getto, der sie kurz vor seinem Tod bei der Zerstörung des Gettos niedergeschrieben haben soll. Mit den hier zitierten Sätzen enden die »Aufzeichnungen«.
 – In: Ders., Jossel Rakovers Wendung zu Gott (Jiddisch – Deutsch), aus dem Jiddischen von Paul Badde, Zürich 2004, 208.

IM EINGEDENKEN FREMDEN LEIDS
Johann Baptist Metz

■ In dieser Zeit der Gotteskrise geht es für Kirche und Christentum nicht um dies oder das, sondern um Gott. Dabei richtet sich die christliche Gottesverständigung auf das Gottesbild der bib-
5 lischen Traditionen, auf den Gott Abrahams, Isaaks und Jakobs, der auch der Gott Jesu ist. Sagen wir uns selbst und sagen wir denen, die – noch – auf uns hören, wie wir mit diesem Gott dran sind? Den Gott, der umstandslos zu unseren
10 Wünschen und Träumen passt, gibt es nicht.

■ Nehmen wir die unhintergehbare schmerzliche Dialektik des biblischen Gottesbildes wirklich ernst? Das frage ich mich, wenn ich auf die
15 Schalmeientöne einer Verlieblichung Gottes in unserer Gottesverkündigung höre; das frage ich mich freilich auch, wenn ich bei besorgten Kritikern lese, dass es allein die Kirche gewesen sei, die den dunklen Hintergrund des Gottesbildes
20 gemalt habe. Es ist schon das Leben selbst, das uns dieses Gottesbild malt und vorhält und das ein reifer Glaube, zu dem wir zu erziehen hätten, nicht einfach wegzuschminken, sondern dem er standzuhalten hätte – und sei es schließlich mit
25 einem lautlosen Seufzer der Kreatur. Die Farbe der christlichen Hoffnung ist nicht ohne die Tinktur des Schmerzes. Wie narzisstisch muss eigentlich ein Glaube sein, der angesichts des Unglücks und der abgründigen Leiden in der Welt,
30 »seiner« Welt, nur Jubel kennen will und keinen Schrei vor dem dunklen Antlitz Gottes? Keinen erschrockenen Blick auf das fremde Leid? Keine Empathie, sondern nur Verblüffungsfestigkeit? […]
35 Es gibt Parabeln Jesu, mit denen er sich in besonderer Weise in das Gedächtnis der Menschheit hineinerzählt hat. Dazu gehört das Gleichnis vom »Barmherzigen Samariter«, mit dem er auf die Frage antwortet: »Wer ist mein Nächster?« In un-
40 serem Zusammenhang gefragt: Für wen bin ich verantwortlich? Für wen zuständig? Eines wird aus dieser Parabel in den Bildern einer archai-

schen Provinzgesellschaft ganz deutlich: Dieser Verantwortungsbereich, dieser Zuständigkeits-
umfang kann von uns nicht von vornherein ein- 45
deutig festgelegt und umgrenzt werden. »Nächster« und damit Partner unserer Zuständigkeit ist nie nur der, den wir von uns aus als solchen ansehen und zulassen. Der Bereich ist prinzipiell unbegrenzt. Kriterium für Maß und Umfang ist 50
und bleibt – das fremde Leid, so wie der unter die Räuber Gefallene in der Geschichte Jesu, an dem der Priester und der Levit »im höheren Interesse« vorübergehen. Wer »Gott« im Sinne Jesu sagt, nimmt die Verletzung der vorgefassten eigenen 55
Gewissheiten durch das Unglück der Anderen in Kauf. Von diesem Gott reden heißt also, fremdes Leid unbedingt zur Sprache bringen. Die Theologie, die man in der Gottesschule Jesu lernt, ist voll Empathie. 60

■ Das Eingedenken des Leidens wird dadurch zur Basis einer universellen Verantwortung, dass es immer auch die Leiden der Anderen, die Leiden der Fremden und – unbedingt biblisch – 65
sogar die Leiden der Feinde in Betracht zieht und bei der Beurteilung der je eigenen Leidensgeschichte nicht vergisst.

Johann Baptist Metz (geb. 1928), katholischer Theologe. – In: Ders., Im Eingedenken fremden Leids, in: Katechetische Blätter 122 (1997) 78–87, hier 78–80.

Die Gottes-Frage nach Auschwitz

18 TROTZ ALLEM – HOFFEN

■ Seiner Wortbedeutung nach bedeutet »hoffen« so viel wie »sich wachsam ausstrecken nach etwas, das man noch nicht sieht und noch nicht kennt«. Inhaltlich ist damit die Erwartung verknüpft, dass etwas Positives eintritt: das Gelingen eines Planes, das Erreichen eines Zieles, eine Wendung zum Guten, das Ende einer Katastrophe und jedes persönlichen Unglücks.

■ Es gibt die großen Hoffnungen: dass das gerade geborene Kind gesund bleibt; dass Schule und Studium erfolgreich abgeschlossen werden; dass eine Ehe frisch Vermählter glücklich verläuft; dass man ein hohes Alter ohne sonderliche Beschwernisse erreicht. Es gibt die kleinen Hoffnungen: dass ein für heute geplantes Vorhaben gelingt, ein Gespräch uns bereichert, ein ersehnter Besuch eintrifft, der Tag ohne Ärger verläuft. Bei allem, was wir tun, schwingt Hoffnung mit – oder sollte man besser bloß von Erwartungen reden?

■ Wissen wir um unsere wirklichen Hoffnungen oder laufen sie nur unterschwellig mit? Bestimmen sie unseren Alltag? Wie steht es mit unserer Fähigkeit zu hoffen in großem Leid und in der Erfahrung des Scheiterns? Gibt es Hoffnungen, die wir aufgegeben haben? Hoffen wir auf eine bessere Welt, auf ein Jenseits, auf das Reich Gottes?

■ Die Auslegung von Röm 8,1–27 und von Offb 21,2–5 kann mit diesen Fragen beginnen. Man kann versuchen, einzelne Aussagen daraus auf konkrete Situationen und Schicksale, die uns im Alltag begegnen, zu übertragen.

■ Kurt Martis Gedicht lädt zur Diskussion ein. Meditativ ist das Bild, das Charles Péguy von dem »kleinen Mädchen Hoffnung« entwirft (▶ S. 88).

■ Halten unsere Überlegungen dem Ernstfall stand? Was würden Sie einem jungen Ehepaar sagen, das sein erstes, kurz vor der Geburt gestorbenes Kind bestatten muss? (▶ S. 89).

■ Bei Herbert Falkens Zeichnung fällt zuerst das Dunkle, Erdrückende ins Auge – bis man hinter der Todeszone das Licht entdeckt. Seine »Vision« wird zum Osterbild (▶ S. 90).

■ Ein Auszug aus dem Text »Unsere Hoffnung« der Gemeinsamen Synode der Bistümer in der Bundesrepublik Deutschland (verabschiedet 1978) scheint unsere Fragen und Überlegungen zusammenfassen zu können (▶ S. 91).

Röm 8,15–27

[15] Ihr habt nicht einen Geist empfangen, der euch zu Sklaven macht, sodass ihr euch immer noch fürchten müsstet, sondern ihr habt den Geist empfangen, der euch zu Söhnen* macht, den Geist, in dem wir rufen: Abba, Vater! [16] So bezeugt der Geist selber unserem Geist, dass wir Kinder Gottes sind. [17] Sind wir aber Kinder, dann auch Erben; wir sind Erben Gottes und Miterben Christi, wenn wir mit ihm leiden, um mit ihm auch verherrlicht zu werden.

[18] Ich bin überzeugt, dass die Leiden der gegenwärtigen Zeit nichts bedeuten im Vergleich zu der Herrlichkeit, die an uns offenbar werden soll. [19] Denn die ganze Schöpfung wartet sehnsüchtig auf das Offenbarwerden der Söhne* Gottes.

[20] Die Schöpfung ist der Vergänglichkeit unterworfen, nicht aus eigenem Willen, sondern durch den, der sie unterworfen hat; aber zugleich gab er ihr Hoffnung: [21] Auch die Schöpfung soll von der Sklaverei und Verlorenheit befreit werden zur Freiheit und Herrlichkeit der Kinder Gottes.

[22] Denn wir wissen, dass die gesamte Schöpfung bis zum heutigen Tag seufzt und in Geburtswehen liegt. [23] Aber auch wir, obwohl wir als Erstlingsgabe den Geist haben, seufzen in unserem Herzen und warten darauf, dass wir mit der Erlösung unseres Leibes als Söhne* offenbar werden.

[24] Denn wir sind gerettet, doch in der Hoffnung. Hoffnung aber, die man schon erfüllt sieht, ist keine Hoffnung. Wie kann man auf etwas hoffen, das man sieht? [25] Hoffen wir aber auf das, was wir nicht sehen, dann harren wir aus in Geduld. [26] So nimmt sich auch der Geist unserer Schwachheit an. Denn wir wissen nicht, worum wir in rechter Weise beten sollen; der Geist selber tritt jedoch für uns ein mit Seufzen, das wir nicht in Worte fassen können. [27] Und Gott, der die Herzen erforscht, weiß, was die Absicht des Geistes ist: Er tritt so, wie Gott es will, für die Heiligen ein.

Offb 21,2–5

[2] Ich sah die heilige Stadt, das neue Jerusalem, von Gott her aus dem Himmel herabkommen; sie war bereit wie eine Braut, die sich für ihren Mann geschmückt hat. [3] Da hörte ich eine laute Stimme vom Thron her rufen: Seht, die Wohnung Gottes unter den Menschen! Er wird in ihrer Mitte wohnen, und sie werden sein Volk sein; und er, Gott, wird bei ihnen sein. [4] Er wird alle Tränen von ihren Augen abwischen: Der Tod wird nicht mehr sein, keine Trauer, keine Klage, keine Mühsal. Denn was früher war, ist vergangen. [5] Er, der auf dem Thron saß, sprach: Seht, ich mache alles neu. Und er sagte: Schreib es auf, denn diese Worte sind zuverlässig und wahr.

* Der Text nennt die Gläubigen nebeneinander »Söhne« und »Kinder« Gottes. Daher und aus theologischen wie pastoralen Gründen ist es statthaft und geboten, auch dort »Kinder« zu lesen, wo »Söhne« steht.
Oder auch »Söhne und Töchter«. Denn die einseitige Nominierung der Söhne ist »nur« darauf zurückzuführen, dass der Römerbrief hier auf Christus als den Sohn Gottes fixiert ist und die »Töchter Gottes« dabei schlichtweg unterschlägt. So heißt es in Röm 8,29: »Denn alle, die er [Gott] im voraus erkannt hat, hat er auch im voraus dazu bestimmt, an Wesen und Gestalt seines Sohnes teilzuhaben, damit dieser der Erstgeborene von vielen Brüdern sei.« Wer aber will bezweifeln, dass die Töchter denselben Anteil daran haben?

WAS SEIN WIRD

Kurt Marti: dann und jetzt

und dann	wird sein wille
	ein fest sein
	die hochzeit von geist und
	materie
	der fall-out der liebe
	im kosmos
aber jetzt	ist sein wille
	ein riese
	der uns athletisch
	und hart
	an die wand boxt
und dann	wird sein wille
	ein tanz sein
	die körper der schöpfung
	zum lobe des schöpfers
	bewegend
aber jetzt	ist sein wille
	ein zwerg
	der listig und rasch
	den tapferen
	in den staub wirft
aber dann aber jetzt	ist sein wille
	zärtlich unerbittliche
	zukunft

Kurt Marti (geb. 1921). – In: Ders., gedichte am rand, Teufen Ar / CH, ² 1968, 20 (in einer allerdings stark veränderten Fassung auch in: Ders., geduld und revolte. die gedichte am rand, Neuausgabe Stuttgart, 1995, 21)

Charles Péguy: Gott ist die Hoffnung

Der Glaube, den ich am meisten liebe, sagt Gott, ist die Hoffnung. Ich komme nicht darüber hinweg. Diese kleine Hoffnung, die nach nichts aussieht. Dieses kleine Mädchen Hoffnung. Unsterblich.

Der Glaube sieht, was ist. Die Hoffnung sieht, was sein wird. Die Liebe liebt, was ist. Die Hoffnung liebt, was sein wird. Die Hoffnung sieht, was noch nicht ist und was sein wird. Sie liebt, was noch nicht ist und was sein wird.

Zwischen ihren beiden großen Schwestern erweckt sie den Eindruck, dass sie sich ziehen lässt. Wie ein Kind, das keine Kraft mehr zum Laufen hat. In Wirklichkeit ist sie es, welche die beiden anderen zum Laufen bringt und zieht. Und jeden zum Laufen bringt und jeden zieht.

Charles Péguy (1873–1914), französischer Schriftsteller. Der Text ist eine Zusammenstellung einzelner aus dem Französischen übertragenen Sätze aus: Ders., Le Porche du Mystère de la Deuxième Vertu, Editions Gallimard 1929, Ausgabe 1962, 15–30.

Gebet bei der Beerdigung Julians

der nie das Licht der Welt erblickte, weil er am
19.11.2001 kurz vor der Geburt starb

Ewiger Gott,
von dir kommt alles, was ist,
durch dich sind wir da.

Wir danken dir für Julian,
dieses Kind,
das uns so wichtig und kostbar war –
neun Monate Grund unserer Freude
und unserer Hoffnung.
Wir möchten dir danken, Gott –
und zürnen dir,
verstehen nicht,
dass Julian sterben musste,
noch bevor er geboren wurde.

Wir fragen dich, Gott:
Willst du wirklich das Leben in Fülle?
Bist du wirklich
ein Liebhaber des Lebens?
Wir stehen im Dunkel,
in Trauer und Zweifel.
Wir finden es schwer, ja unmöglich,
zu beten, dass dein Wille geschehe.

Und doch – wir können nicht glauben, Gott,
dass du zynische Pläne hegst
und ein Kind ins Leben rufst,
nur um es sterben zu lassen.
Wir müssen schweigen, Gott,
erkennen und annehmen,
dass wir zerbrechliche Wesen sind.
Unsere Kraft ist schwach,
unser Atmen begrenzt,
unser Leben ist endlich.

Wir ringen mit dir, Gott –
und hoffen zugleich auf dich.
Rufen zu dir:
Sei ein bergender Gott,
ein tröstender, ein zuverlässiger,
ein liebender Gott!
Enttäusche nicht
unser Vertrauen zu dir.
Zeige uns, dass du nah bist.
Der Gott, der rettet!

Herbert Falken (geb. 1932), Vision, 1988

■ Zuerst nimmt man die zwei mit wenigen Strichen gezeichneten Gestalten wahr, dann rücken fast gleichzeitig von rechts her die beiden selbstständigen Flächen aus Schwarz und Weiß in den Blick. Was geschieht?

Weiß und Schwarz sind nicht Vordergrund, nicht Hintergrund. Sie sind ebenso weit vorne wie die zwei Gestalten. Die linke gleitet ohne Halt am Bildrand hinab und sackt bis in den Grund der Bildecke unten rechts. Ihr Rücken findet keine Stütze. Alle Wucht des von rechts andrängenden Schwarz drückt auf ihre Magengrube und presst dort die zweite Gestalt heraus. Die steigt über der ersten auf und wird vom gewaltigen Schub unter die obere Bildkante gedrückt. Dort hält sie mit schrägem Kopf und ausgespannten Armen den unten erzeugten Druck gerade noch aus. Nicht mehr lange, dann wird die Bildkante bersten. Wie der Keim einer Pflanze durch hartes Erdreich wird die Gestalt ins Freie stoßen.

Genau hinsehen! So sehr das Schwarz die Bildmitte füllt und auf die beiden Gestalten drückt – der eigentliche Schub geht von der weißen Fläche aus. Dem Bug eines riesigen Flugzeugs vergleichbar drängt sie von rechts ins Bild und schiebt das Schwarz vor sich her. Das Licht tritt aggressiv und kraftvoll gegen das Dunkel an und besiegt es. Zugleich wird aus der toten Gestalt neues Leben geboren.

GOTT UNSERER HOFFNUNG

■ Der Name Gottes ist tief eingegraben in die Hoffnungs- und Leidensgeschichte der Menschheit. In ihr begegnet uns dieser Name, aufleuchtend und verdunkelt, verehrt und verneint, missbraucht, geschändet und doch unvergessen. Der »Gott unserer Hoffnung« (vgl. Röm 15,13) ist »der Gott Abrahams, Isaaks und Jakobs« (Ex 3,6; Mt 22,32), »der Himmel und Erde geschaffen hat« (Ps 121,2) und den wir mit dem jüdischen Volk und auch mit der Religion des Islam öffentlich bekennen, so wie wir alte Hoffnungsrufe bis in unsere Tage weiterbeten: »Ich irre umher in meiner Klage. Ich bin in Unruhe wegen des Lärmes der Feinde, des Schreiens der Gottlosen … Mein Herz ängstigt sich in meiner Brust, und die Schrecken des Todes befallen mich. Furcht und Zittern kommen mich an, und Grauen bedeckt mich. Hätte ich doch Flügel wie eine Taube! … Ich rufe zu Gott, und der Herr wird mir beistehen« (Ps 55,3–7a.17)! Wenn wir solche Hoffnungsworte heute weitersprechen, dann stehen wir nicht allein und abgesondert; dann räumen wir vielmehr der Geschichte der Menschheit, die schließlich bis in unsere Gegenwart immer auch Religionsgeschichte ist, ein Stimmrecht, sozusagen ein Mitspracherecht bei dem ein, was wir von uns selbst zu halten haben und worauf wir vertrauen dürfen.

■ Der Gott unseres Glaubens ist der Grund unserer Hoffnung, nicht der Lückenbüßer für unsere Enttäuschungen. Nun versteht sich die Gesellschaft, in der wir leben, immer mehr als eine reine Bedürfnisgesellschaft, als ein Netz von Bedürfnissen und deren Befriedigung. Wo jedoch die gesellschaftlichen und öffentlichen Interessen ausschließlich von dieser Bedürfnisstruktur geprägt sind, hat unsere christliche Hoffnung nur ein verschwindendes Dasein. Denn in dieser Hoffnung drückt sich eine Sehnsucht aus, die alle unsere Bedürfnisse übersteigt. Wer sich vom Zwang eines reinen Bedürfnisdenkens nicht freimachen kann, wird den »Gott unserer Hoffnung« letztlich nur als vergebliche Vorspiegelung, als

eingebildete Erfüllung vereitelter Bedürfnisse, als Täuschung und falsches Bewusstsein kritisieren können, und er wird die Religion der Hoffnung leicht als eine inzwischen durchschaute und eigentlich schon überholte Phase in der Geschichte menschlicher Selbstgestaltung ansehen. Die Gottesbotschaft unserer christlichen Hoffnung widersetzt sich einem schlechthin geheimnisleeren Bild vom Menschen, das nur einen reinen Bedürfnismenschen zeigt, einen Menschen ohne Sehnsucht, das heißt aber auch ohne Fähigkeit zu trauern und darum ohne Fähigkeit, sich wirklich trösten zu lassen und Trost anders zu verstehen denn als reine Vertröstung. Die Gottesbotschaft unserer Hoffnung widersteht einer totalen Anpassung der Sehnsucht des Menschen an seine Bedürfniswelt.

■ Dadurch wird der Name Gottes nicht zum Deckwort für eine gefährliche Beschwichtigung oder vorschnelle Aussöhnung mit unserer leidvoll zerrissenen Wirklichkeit. Denn gerade diese Hoffnung auf Gott ist es ja, die uns an sinnlosem Leiden immer wieder leiden macht. Sie ist es, die uns verbietet, mit der Sinnlosigkeit dieses Leidens zu paktieren. Sie ist es, die in uns immer neu den Hunger nach Sinn, das Dürsten nach Gerechtigkeit für alle, für die Lebenden und die Toten, die Kommenden und Gewesenen weckt und die es uns verwehrt, uns ausschließlich innerhalb der verkleinerten Maßstäbe unserer Bedürfniswelt einzurichten.

Unsere Hoffnung. Ein Beschluss der Gemeinsamen Synode der Bistümer in der Bundesrepublik Deutschland, Teil I, 1 (angenommen in der 8. Vollversammlung 18.–23.11.1978).

19 GOTTESERFAHRUNG IN UNSEREM ALLTAG

■ Wir leben und bewegen uns in unterschiedlichen Lebenswelten. Wir entwickeln ein Familien-Ich, ein Arbeits-Ich, ein Freizeit-Ich, ein Vereins-Ich, ein Kirchen-Ich. Oft empfinden wir diese Aufspaltung als entlastend, auch für unser religiöses Leben. Wer aber bin dann »Ich« wirklich? Wo kommt dann die Frage nach Gott noch vor? Wie ist Gott dann erfahrbar?

■ Kurt Marti gibt eine kurz gefasste Beschreibung unserer Situation und zugleich eine ausgesprochene Ermutigung, aus festgefahrenen Standpunkten, auch kirchlich-dogmatischen, aufzubrechen. Es werden nicht nur junge Menschen solche Aufforderung gerne hören. Ob allerdings Junge und Alte selbstkritisch sehen, wie stark sie in bequemen Traditionen und Gewöhnungen hängen und wie schwer es ist, neue Wege zu wagen? (▶ S. 93).

■ Der autobiografische Text der Simone Weil – ursprünglich ein privater Brief – lässt uns an ihrer Erfahrung mit dem Beten teilhaben und vermittelt *eine* Weise religiöser Erfahrung. Vor allem belegt er, dass zwei Entscheidungen von größter Bedeutung sind: die für volle Aufmerksamkeit und die, an einem gut bedachten Entschluss festzuhalten (▶ S. 94).

■ Das Verhältnis von sakraler und profaner »Welt« wird anschaulich im Nebeneinander von Dom und Hauptbahnhof in Köln. Wie ändert sich die Perspektive auf unsere Frage, wenn wir den Hauptbahnhof als religiösen Ort ansehen? (▶ S. 95).

■ Bei einem Brainstorming trugen Erwachsene spontan folgende Nennungen zur Frage zusammen: »Wo und wie erfahre ich Gott?«:
… in meinen Kindern
… in der Natur
… in Begegnungen mit Menschen
… in meinen Unzulänglichkeiten und Fehlern
… im Wort des anderen
… in der Musik
… in Kunstwerken
… im Gebet
… in der Kirche
… in der Stille
… in der Bibel
… in Not und Krankheit
… in der Erwartung des nahen Todes
… in der Liebe meines Mannes
… in der Geburt meiner Kinder
… im Mut zum Leben
… im Finden und Loslassen
… im Genießen und Verzichten

■ Repräsentativ unterstreichen ein Gedicht von Marie Luise Kaschnitz und ein Gebet für Kinder diese Voten. »Mitten im Leben muss Gott erkannt werden«, schrieb Dietrich Bonhoeffer (vgl. S. 80, Z. 27) (▶ S. 96).

AUFBRUCH UND ERFAHRUNG
Kurt Marti

■ Erst wenn Gott »alles in allem« sein wird (1 Korinther 15,28), wird jede Erfahrung auch Gotteserfahrung sein.

5 ■ Dass wir Gotteserfahrung partout dem religiösen Erlebnisbereich vorbehalten möchten, verrät uns als Menschen einer arbeitsteilig organisierten Welt, in der jedermann (auch Gott) nur für eine spezialisierte Tätigkeit zuständig und kompetent 10 ist. Deshalb erwartet man etwa in den Erlebnis- und Tätigkeitsbereichen Arbeit, Spiel, Erotik, Gesellschaft / Politik, Essen / Trinken keine Gotteserfahrung mehr.

15 ■ Nur zwei profane Erlebnisbereiche gibt's, in denen, wie man so hört, Gotteserfahrung für möglich gehalten wird: Natur und Krankheit / Tod. Weshalb gerade hier? Dem wäre mit kritischer Sorgfalt nachzugehen. Beiden Bereichen ist viel-20 leicht – im Unterschied zu Arbeit, Spiel, Erotik, Gesellschaft / Politik usw. – das Erlebnis menschlicher Ohnmacht, Nichtigkeit gemeinsam. Setzt Gotteserfahrung somit erst ein, wo der Mensch sich seiner Kleinheit und Vernichtbarkeit be-25 wusst wird? Doch was für ein Gott, der nur noch auf diese Weise erfahren wird! Ist es wirklich der Gott, der in Jesus Christus Mensch geworden ist und von dem Jesus gesagt hat, er sei »ein Gott der Lebendigen, nicht der Toten« (Matthäus 22,32)? 30 […]

Der Mensch wird aufgespalten – zum Beispiel – in einen homo oeconomicus und in einen homo religiosus. Solche Aufspaltung des Menschen ist 35 ein typisches Phänomen seiner Entfremdung. Der Entfremdete erfährt Gott entweder gar nicht mehr oder nur in dem dafür ausgesparten und vorgesehenen Bereich des »Religiösen«. Das aber bedeutet: Er erfährt Gott nicht mehr als den sou-40 veränen Herrn, der »alles in allem« werden will, sondern bloß noch – alttestamentlich gesprochen – als Götzen. Charakteristisch für Götzen ist, dass sie nur für einen Teilbereich des Lebens, der Welt zuständig sind. […]

Erfahrung gewinnt, wer sich aufmacht, unter-45 wegs ist, der homo viator. Nichts erfährt, wer auf Standpunkten (z. B. dogmatischen, ideologischen) stehenbleibt. Der aufbrechende, wandernde Abraham ist nicht nur Phänotyp des Glaubensgehorsams, sondern ebenso der Gotteserfah-50 rung. Dasselbe gilt vom wandernden Gottesvolk des Exodus. Und gleicherweise hat der Heilige Geist die vom Tod Jesu wie gelähmten Jünger in Bewegung, in »Fahrt« gebracht, die sie Gott neu hat er-fahren lassen. Diese Beispiele zeigen aller-55 dings, dass am Anfang immer der Glaube steht, auch wenn man »Glauben« dabei nur vage zu umschreiben vermag, als eine Art Erwartung vielleicht. Aber Gott scheint in der Regel doch nur erfahren zu werden, wenn Erwartung auf ihn 60 am Anfang der Fahrt steht. […] Erfahrung ohne Glauben führt in der Regel nicht zur Gotteserfahrung. Glaube ohne Erfahrung (d. h. Tätigkeit, Wagnis, Bewegung) versteift, verkalkt zum theoretischen Axiom, zum realitätsblinden Dogma. […]

Kurt Marti (geb. 1921) – In: Ders., Widerspruch für Gott und Menschen. Freiburg / Heidelberg 1982, 95–101.

Gotteserfahrung in unserem Alltag

MIT UNBEDINGTER AUFMERKSAMKEIT
Simone Weil

■ Bis zum vergangenen September war es mir in meinem ganzen Leben niemals geschehen, dass ich auch nur ein einziges Mal gebetet hätte, zumindest nicht im buchstäblichen Sinne des Wortes. Niemals hatte ich mich laut oder in Gedanken mit Worten an Gott gewandt. Niemals hatte ich ein liturgisches Gebet gesprochen. Hin und wieder kam es wohl vor, dass ich mir das *Salve Regina* aufsagte, doch nur als ein schönes Gedicht.

■ Als ich im letzten Sommer mit Thibon das Griechische trieb, hatte ich das Vaterunser auf griechisch Wort für Wort mit ihm durchgenommen. Wir hatten uns versprochen, es auswendig zu lernen. Ich glaube, er hat es nicht getan. Auch ich nicht, wenigstens damals nicht. Als ich aber einige Wochen später im Evangelium blätterte, kam es mir in den Sinn, dass ich es, da ich es mir versprochen hatte und es recht sei, auch tun sollte. Ich tat es. Da hat die unendliche Süßigkeit dieses griechischen Textes mich derart ergriffen, dass ich einige Tage lang nicht umhin konnte, ihn mir unaufhörlich zu wiederholen. Eine Woche später begann ich mit der Weinlese. Ich sprach das Vaterunser auf griechisch jeden Tag vor der Arbeit, und im Weinberg habe ich es dann noch oftmals wiederholt.

■ Seitdem habe ich mir als einzige Übung die Verpflichtung auferlegt, es jeden Morgen einmal mit unbedingter Aufmerksamkeit zu sprechen. Wenn meine Aufmerksamkeit unter dem Sprechen abirrt oder einschläft, und sei es auch nur im allergeringsten Grade, so fange ich wieder von vorne an, bis ich einmal eine völlig reine Aufmerksamkeit erreicht habe. Dann kommt es wohl mitunter vor, dass ich es aus reinem Vergnügen noch einmal von vorn aufsage, aber nur, wenn das Verlangen mich treibt.

■ Die Kraft dieser Übung ist außerordentlich und überrascht mich jedes Mal, denn, obgleich ich sie jeden Tag erfahre, übertrifft sie jedes Mal meine Erwartung.

■ Mitunter reißen schon die ersten Worte meinen Geist aus meinem Leibe und versetzen ihn an einen Ort außerhalb des Raumes, wo es weder eine Perspektive noch einen Blickpunkt gibt. Der Raum tut sich auf. Die Unendlichkeit des gewöhnlichen Raumes unserer Wahrnehmung weicht einer Unendlichkeit zweiten oder manchmal auch dritten Grades. Gleichzeitig erfüllt diese Unendlichkeit der Unendlichkeit sich allenthalben mit Schweigen, mit einem Schweigen, das nicht die Abwesenheit des Klanges ist, sondern das der Gegenstand einer positiven Empfindung ist, sehr viel positiver als die eines Klanges. Die Geräusche, wenn deren da sind, erreichen mich erst, nachdem sie durch dieses Schweigen hindurchgegangen sind.

■ Mitunter auch ist während dieses Sprechens oder zu anderen Augenblicken Christus in Person anwesend, jedoch mit einer unendlich viel wirklicheren, durchdringenderen, klareren und liebevolleren Gegenwart als jenes erste Mal, da er mich ergriffen hat.

Simone Weil (1909–1943). Auszug aus einem Brief an Pater Perrin, ca. 15.5.1942. – In: Dies., Zeugnis für das Gute. Traktate, Briefe, Aufzeichnungen. Übersetzt und herausgegeben von Friedhelm Kemp, Olten und Freiburg / Br. 1976, 108–110 (Neuauflagen)

DER HAUPTBAHNHOF – EIN RELIGIÖSER ORT?

■ Nirgendwo in Deutschland finden sich pulsierendes Alltagsleben und kirchliche Präsenz so eng beieinander wie im Zentrum von Köln mit Dom und Hauptbahnhof. Allein den Bahnhof frequentieren im Durchschnitt täglich ca. 250 000 Menschen. Den Dom, die weltweit drittgrößte gotische Kathedrale, besichtigen täglich ca. 20 000 Personen.

■ Neugier und Staunen bringen einen unablässigen Besucherstrom aus allen Ländern in die Kathedrale. Die gewaltige Architektur, die Atmosphäre unter den hohen Gewölben, der Wechsel von Licht und Dunkel zwischen den Pfeilern fesseln die Menschen und lassen viele eine spirituelle Sehnsucht empfinden. Der Dom – ein religiöser Ort. Und dann wieder für viele, sobald sie ihn verlassen, eine fremd anmutende museale Durchgangsstation, ein Relikt verflossener religiös geprägter Zeiten.

■ Welche Gegensätze: Dom und Bahnhof, Religion und Alltag, Gottesdienst und Geschäftigkeit, Kirche und Welt. Doch es sind aus theologischer und pastoraler Sicht falsche Gegensätze, nicht zuletzt in »frommer Meinung« von manchen Kirchenleuten konstruiert. Warum sieht man nicht die Religiosität des Alltags um den Dom herum? Die Fülle ergreifender Schicksale, die Lebensfreude und das Leiden so vieler Menschen, ihre Einsamkeit und ihre Solidarität, ihre Hoffnungen und Enttäuschungen? Warum meinen so viele, Gott sei nur im Dom erfahrbar – und nicht auch in der Fußgängerzone und auf den Bahnsteigen? Warum sehen sie ihn nicht bei der Verkäuferin in der Frittenbude, bei den Skateboardern auf der Domplatte, hinter den hastenden Menschen in der Bahnhofshalle, beim Liebespaar auf der Deutzer Brücke und neben den schlendernden Touristen?

Foto: Jonathan Webb / GB, 2005

DU BIST DA

Marie Luise Kaschnitz:
Mein sterblicher Gott

Ihr mögt mich schelten sagt die Liebende
Aber mein Gott war sterblich
Hatte Hunger und Durst wie alle.
Bettete sein Haupt
Vergrub sich in meine Lenden
Wanderte irrte kam wieder
Der schreiende Heiland.
Ihr mögt mich schelten sagt die Liebende
Aber ich wusste was Gnade ist.
Seine Worte verloren ihr Salz nicht
Ein Leben lang
Seine Hände nicht ihre Kraft
Seine Lippen nicht ihre Süße.

Marie Luise Kaschnitz (1901–1974), Stück VII aus dem Gedicht »Schnee«, in: Dies., Überallnie. Ausgewählte Gedichte 1928–1965, München (dtv 12015) [2] 1995, 231–232.

Gebet
nach Psalm 139

Wo ich gehe, bist du da.
Wo ich stehe, bist du da.
Wo ich sitze, bist du da.
Wo ich liege, bist du da.
Wenn's mir gut geht, bist du da.
Wenn's mir schlecht geht, bist du da.
Wenn ich weine, bist du da.
Wenn ich lache, bist du da.
Wenn ich spiele, bist du da.
Bei der Arbeit bist du da.
In der Schule bist du da.
Auch zu Hause bist du da.
Du bist im Himmel,
du bist auf der Erde.
Wohin ich mich wende,
du bist an jedem Ende.
Du bist immer da.

▲ Ein Gebet für Kinder. Seine Stärke: Es knüpft an Ex 3,14 an, wendet die Selbstoffenbarung Gottes (»Ich bin der ICH-BIN-DA«) zur kindgemäßen Anrede, bezieht sich auf alltägliche Situationen und kann leicht erweitert und aktualisiert werden.

Nach: Richard Rogge / Helga Storkenmaier, Sag Du zu Gott. Neue Gebete für Sonderschulen, München 1991, 31.

20 WEITER FRAGEN

■ Niemand wird nach dem Gang durch die vorliegenden Kapitel den Eindruck haben, alle Fragen seien abschließend behandelt und gelöst. Das Gegenteil wird und muss der Fall sein, schon allein deshalb, weil die »Wirklichkeit Gottes« sich nicht fassen lässt. Wer sich der Frage nach Gott aussetzt, befindet sich immer am Anfang.

■ Viele Fragen kommen im Rahmen dieser Sammlung gar nicht vor, obwohl sie ausnehmend wichtig sind – z. B. die nach der Offenbarung Gottes, nach der Trinität, nach der Bedeutung Jesu von Nazaret (vgl. dazu J. H. Schneider, Jesus auf Erden – und weiter?), nach der Kirche und dem kirchlichen Lehramt, nach der Gottesverehrung in Liturgie und pastoraler Praxis, nach dem interreligiösen Dialog, besonders mit dem Islam, nach dem befürchteten Bedeutungsverlust des Christentums in Europa, nach den Veränderungen unserer Fragestellungen im Kontext naturwissenschaftlich gewonnener Weltverstehensmodelle …

■ Auch das spirituelle Ziel – nämlich nicht nur *über*, sondern auch *mit* Gott zu reden, nicht über Gott zu *reflektieren*, sondern Gott »irgendwie« zu *hören* – konnte nur ansatzweise in den Blick genommen werden. Vielleicht ist die letzte Seite mit Gebeten von Augustinus und Teresa von Ávila ein Anschub dazu, selbst auf solcher Spur zu suchen.

■ So werden wir weiter fragen müssen. Das Credo aus dem Politischen Nachtgebet gibt einen ersten Anstoß. »Harte Nüsse« sind die »Fragebögen« von Rubem Alves, Franz W. Niehl und Johannes Bours. Sie sollen das persönliche und das gemeinschaftliche Nachdenken anregen. Sie erweisen sich *dann* als weiterführende Provokation, wenn man über längere Zeit nur eine oder zwei ihrer Fragen an sich heranlässt (▶ S. 98 ff.).

GLAUBENSBEKENNTNIS
Dorothee Sölle

Ich glaube an Gott
der die Welt nicht fertig geschaffen hat
wie ein Ding das immer so bleiben muss
der nicht nach ewigen Gesetzen regiert
die unabänderlich gelten
nicht nach natürlichen Ordnungen
von Armen und Reichen
Sachverständigen und Uninformierten
Herrschenden und Ausgelieferten

Ich glaube an Gott
der den Widerspruch des Lebendigen will
und die Veränderung aller Zustände
durch unsere Arbeit
durch unsere Politik

Ich glaube an Jesus Christus
der recht hatte, als er
»ein einzelner, der nichts machen kann«
genau wie wir
an der Veränderung aller Zustände arbeitete
und darüber zugrunde ging
an ihm messend erkenne ich
wie unsere Intelligenz verkrüppelt
unsere Phantasie erstickt
unsere Anstrengung vertan ist
weil wir nicht leben wie er lebte

Jeden Tag habe ich Angst
dass er umsonst gestorben ist
weil er in unseren Kirchen verscharrt ist
weil wir seine Revolution verraten haben
in Gehorsam und Angst
vor den Behörden

Ich glaube an Jesus Christus
der aufersteht in unser Leben
dass wir frei werden
von Vorurteilen und Anmaßung
von Angst und Hass
und seine Revolution weitertreiben
auf sein Reich hin

Ich glaube an den Geist
der mit Jesus in die Welt gekommen ist
an die Gemeinschaft aller Völker
und unsere Verantwortung für das
was aus unserer Erde wird
ein Tal voll Jammer, Hunger und Gewalt
oder die Stadt Gottes
Ich glaube an den gerechten Frieden
der herstellbar ist
an die Möglichkeit eines sinnvollen Lebens
für alle Menschen
an die Zukunft dieser Welt Gottes.
Amen.

Dorothee Sölle (1929–2003), evangelische Theologin. – Erstveröffentlichung: Dorothee Sölle / Fulbert Steffensky (Hg.), Politisches Nachtgebet in Köln, Stuttgart / Mainz 1969, 26–28. Beim 82. Katholikentag 1968 in Essen wollte der »Ökumenische Arbeitskreis Köln« – darunter Dorothee Sölle, Fulbert Steffensky und Heinrich Böll – vor dem Hintergrund des Vietnamkriegs einen »politischen Gottesdienst« feiern. Die Veranstalter des Katholikentags setzten den Gottesdienst erst auf 23 Uhr an, worauf der Arbeitskreis diesen Gottesdienst »Politisches Nachtgebet« nannte. In der Folge fanden ab Oktober 1968 monatlich in der evangelischen Antoniterkirche in Köln »Politische Nachtgebete« statt.

GOTTESFRAGE KONKRET
Rubem Alves

1 Suchen Sie ein Symbol für das, was Ihnen am liebsten ist. Welchem Menschen würden Sie das Geheimnis dieses Symbols mitteilen?

2 Welche Wünsche haben Sie? Und wenn Sie nur einen davon haben dürften?

3 Was tragen Sie in Ihren Gebeten Gott als Ihren größten Wunsch vor?

4 Reich Gottes – welche Wünsche enthält dieses Symbol?

5 Gestehen sich die Menschen, die zur Kirche gehen, ihre Wünsche ein?

6 Wonach haben Sie Sehnsucht? Betrachten Sie es! Spüren Sie seinen Duft, seine Farben …

7 Ist die Kirche eine Sehnsuchtsgemeinschaft?

8 Wenn wir beten »Dein Reich komme«, verspüren wir dann auch die Wehmut, wie wir sie beim Verlust eines geliebten Menschen fühlen?

9 Machen Sie einen kleinen Ehrlichkeitstest. Sagen Sie das Wort »Gott« und betrachten Sie die Bilder, die Ihnen dabei kommen.

10 Und jetzt die umgekehrte Übung: Denken Sie an Dinge, die Ihnen Spaß machen. Versuchen Sie, sie mit Gott und Religion in Verbindung zu bringen. Zu welchem Ergebnis kommen Sie?

11 Entlockt Ihnen Ihr Gott ein Lächeln?

12 Die Freude hat es mit dem Leib und mit der Seele zu tun. Erlöster Leib bedeutet auch Gesundheit, Freiheit, Gerechtigkeit. Alles Dinge in unserer Reichweite, die zu unseren Aufgaben gehören.

13 Über Gott reden, heißt darüber zu sprechen, welche Freude er den Menschen verheißen hat. Stimmen Sie mit diesem Satz überein?

14 Gott liebt alle Menschen. Trotzdem zeigt er eine klare Vorliebe für die Leidenden. Offenbar sind aus der Sicht des Reiches Gottes die Dinge für die Reichen und Mächtigen nicht so einfach. Was meinen Sie dazu?

15 Die Erlösung unserer Körper hat es mit ganz konkreten Situationen zu tun: Arbeitsbedingungen, Lohn, Gesundheit, Wohnung, Wasser, Garten, ärztliche Versorgung, Bewegungsfreiheit, Angstlosigkeit, Gewissheit keine Gewalt zu erleiden, Altersversorgung, Freizeitmöglichkeiten … – Würden Sie sagen, diese Dinge hätten nichts mit Religion zu tun?

Rubem Alves (geb. 1933), reformierter Theologe in Rio de Janeiro. – In: Ders., Ich glaube an die Auferstehung des Leibes, Düsseldorf 1983, Zitate aus den Seiten 11, 18, 26, 33, 40, 55, 78.

FRAGEBOGEN GLÜCK I
Franz W. Niehl

1 Gibt es einen Menschen, den Sie für glücklich halten?
Worin liegt nach Ihrer Meinung sein Glück?

2 Wann waren Sie zuletzt glücklich?
Woran merken Sie, dass Sie glücklich sind?

3 Welche Rolle spielt Ihr Besitz für Ihr Glück?
Worauf können Sie nur schwer verzichten?
Ist Geld wichtig für Ihr Glück? – Warum?
Macht Ihre Arbeit Sie glücklich?
Wie wichtig ist die Liebe zu einem anderen (zu anderen) für Ihr Glück?
Welche Rolle spielt dabei die Sexualität?
Sprechen Sie mit dem (denen), den (die) Sie lieben, darüber?

4 Wer hat am meisten zu Ihrem Glück beigetragen?
Gibt es einen Menschen, der Sie daran hindert, glücklich zu sein?
Wie gehen Sie mit ihm um?

5 Fühlen Sie sich verantwortlich für das Glück eines anderen? – Warum?
Gibt es einen Menschen, zu dessen Glück Sie mit Sicherheit beigetragen haben?
Woher wissen Sie das?

6 Meinen Sie, dass die Erfahrung des Unglücks für Sie wichtig war?
Welches Unglück meinen Sie?

7 Wann sind Sie am ehesten glücklich?
✔ wenn Sie allein sind
✔ wenn Sie mit anderen (mit einem anderen) zusammen sind
✔ zu Hause
✔ auf Reisen
✔ im Alltag
✔ im Urlaub

8 Glauben Sie, dass Sie früher (als Kind / als junger Mensch) glücklicher waren als heute?
– Warum?
– Warum nicht?
Waren Ihre Eltern eine Hilfe auf Ihrem Weg zum Glück?
– Wodurch?
Glauben Sie, dass Sie in Zukunft glücklicher sein werden als jetzt?
– Warum? Welches Glück erhoffen Sie noch?

9 Was fehlt Ihnen zu Ihrem Glück?

10 Mit wem sprechen Sie über Ihr Glück / über Ihr Unglück?

Franz W. Niehl (geb. 1942), Fragebogen I – In: Katechetische Blätter 109 (1984), 844

FRAGEBOGEN GLÜCK II
Franz W. Niehl

1 Glauben Sie, dass ein Christ glücklicher lebt als ein Nicht-Christ?
Beunruhigt Sie der Gedanke, dass Nicht-Christen auch glücklich sind?
Wenn ja, warum?

2 Glauben Sie, dass Gott an Ihrem Glück interessiert ist?
Woran merken Sie das?
Erwarten Sie von Gott mehr als Glück? – Wenn ja: Was erwarten Sie darüber hinaus?

3 Welche Lebensbereiche, die für Ihr Glück wichtig sind, haben nichts mit Ihrem Glauben zu tun?
Für welche Glückserfahrungen hat der christliche Glaube Sie empfänglich gemacht?
Haben Sie Erfahrungen gemacht, in denen Sie den christlichen Glauben als Hindernis für Ihr Glück erlebt haben? – Falls ja: Welche Konsequenzen haben Sie daraus gezogen?

4 Kennen Sie glückliche Christen?
Falls ja: Was fasziniert Sie an ihnen?

5 Falls Sie christlich erzogen wurden: War Ihre Erziehung eine Ermutigung zum Glück?
Wenn Sie Ihren Kindern (Ihren Schülern und Schülerinnen) von Gott erzählen, hat diese Gottesvorstellung etwas mit dem Glück Ihrer Kinder (Ihrer Schüler und Schülerinnen) zu tun?

6 Was gefällt Ihnen an Jesus aus Nazaret?

7 Welche Fähigkeiten hat der christliche Glaube in Ihnen entwickelt oder gefördert?
- ✔ Geduld und Anpassungsfähigkeit
- ✔ Einfühlungsvermögen
- ✔ Selbstsicherheit
- ✔ Liebesfähigkeit
- ✔ Vertrauen in die Zukunft
- ✔ Gelassenheit
- ✔ Genussfähigkeit
- ✔ Engagement und soziales Interesse
- ✔ Leistungsfähigkeit
- ✔ Hoffnung

8 Glauben Sie, dass die kirchliche Gemeinschaft zum Glück der Christen beiträgt?
Wenn ja, wodurch?
Wenn nein: Wie müsste sich die Kirche ändern?

9 Erwarten Sie von der Kirche mehr als von anderen menschlichen Gemeinschaften?
Warum?

Franz W. Niehl (geb. 1942), Fragebogen II – In: Katechetische Blätter 109 (1984), 853.

Weiter fragen

FRAGEN ZUR CHRISTLICHEN SELBSTERKENNTNIS
Johannes Bours

1 Was erkenne ich gegenwärtig als mein wichtigstes Lebensproblem?

2 Was war für mich die wichtigste Erfahrung des vergangenen Jahres?

3 Was wird nach zehn Jahren sein, wenn ich mich nicht ändere? Wo muss die Änderung am ehesten beginnen?

4 Worauslebeichjetztammeisten?Wasgibt mir die stärksten Lebensimpulse?

5 Welches Lebensgefühl bestimmt mich am meisten?

6 Was hindert mich am meisten, ich selbst zu sein? (Liegt das Hindernis in mir oder kommt es von außen?)

7 Welche Möglichkeiten in mir blieben bisher ungenutzt?

8 Wo liegt meine Hauptstärke, mein Charisma, meine besondere Fähigkeit? Wo liegt meine Hauptschwäche, meine Gefährdung, mein Schatten?

9 Was macht mir Freude?

10 Um was sorge ich mich und warum?

11 Was würde ich für mich ein erfülltes Leben nennen?

12 Welchen Titel würde ich meiner Selbstbiografie geben?

13 Wenn mich jemand fragt: Haben Sie Erfahrungen mit Gott gemacht? – Was werde ich antworten?

14 Wie erlebe ich Gott – mehr als den Fernen, Unnahbaren, Unbegreiflichen oder als den Nahen, Vertrauten, Geborgenheit Gebenden?

15 Gott sagt: »Adam, wo bist du?«. Wir fragen: »Gott, wo bist Du?« – Gott ist ein verborgener Gott. Wo versteckt sich Gott in meinem Leben?

16 Was erwartet Gott jetzt am ehesten von mir?

17 Was ist mein Ansatz zu meiner Spiritualität?

18 Wenn ein Nichtchrist bei mir wohnte, was würde ihm mein Christsein in Frage stellen? Was würde ihn überzeugen können?

19 Was würde sich tatsächlich in meinem Leben ändern, wenn es Christus nicht gäbe?

20 Wenn ich gefragt würde: Welche Lebensweisung, welche geistliche Lebensregel ist für Sie besonders wichtig geworden? – Wie würde ich darauf antworten?

21 Was erschwert mir das Gebet?

22 »Zum Glauben gehören Disziplin und Beständigkeit« (Wernher von Braun). Meine Antwort?

23 Glaube und Gebet bleiben nicht wahrhaftig, wenn die Verzichte nicht gebracht werden, die aus Gottes- und Nächstenliebe erwartet werden.
– Wie ist das bei mir?

24 Glaube und Gebet bleiben nicht wahrhaftig, wenn das Ja Gottes zur Schöpfung nicht wahrgenommen wird.
– Wie ist das bei mir?

25 »Wenn nicht ich, wer dann?
Wenn nicht jetzt, wann dann?
Wenn nur für mich, was bin ich?«
(Talmudisches Wort)

Johannes Bours (1913–1988) war 1952–1984 Spiritual am Priesterseminar in Münster. Die vorstehenden Fragen sind in einer Zusammenstellung zu finden in: Ders., Da fragte Jesus ihn, Freiburg 1983, 235–239. Dazu gab J. Bours den wichtigen Hinweis, dass man sich auf einige wenige Punkte beschränken solle, um nicht durch ein Zuviel die Ernsthaftigkeit der Bemühung zu gefährden. Zudem werde das Gespräch mit jemandem, der / die einen »geistlich begleiten kann«, hilfreich sein.

ERFAHRUNGSFELDER – AUS DEM VOLLEN SCHÖPFEN

1 Welche Orte, Plätze, Räume und Verstecke, die Sie im Lauf Ihres Lebens aufgesucht haben, haben einen nachhaltigen Eindruck hinterlassen? Welche Erinnerungen stellen sich ein? Was empfinden Sie dabei?

2 Denken Sie an die Zimmer, Wohnungen, Häuser, in denen Sie gewohnt haben. Welche Einrichtung erinnern Sie? Welche Gegenstände an welchem Platz? Welche Ereignisse?

3 Stellen Sie Ihre ganz persönliche Bibliothek zusammen. Welche literarischen Werke, welche Gedichte und welche Sachbücher haben für Sie besondere Bedeutung bekommen und befinden sich deshalb darin?

4 Errichten Sie Ihr eigenes »ideelles Museum«, in welchem Sie Kunstwerke (Bilder, Skulpturen, Spielfilme) versammeln, zu denen Sie eine besondere Beziehung entwickelt haben oder die zu bestimmten Gelegenheiten eine besondere Rolle in Ihrem Leben gespielt haben.

5 Machen Sie dasselbe für musikalische Werke einschließlich der Lieder.

6 Errichten Sie ein »Museum« für Gegenstände, Fundstücke, Kuriositäten, die Sie gesammelt und aufbewahrt haben.

7 Stellen Sie Bibelabschnitte oder einzelne Sätze aus der Bibel zusammen, die Sie beeindruckt haben, die Sie froh machen, aus denen Sie Kraft und Ermutigung schöpfen.

8 Vielleicht nehmen Sie sich die Zeit und stellen Abbildungen von Kunstwerken, Fotos von Fundstücken und Kopien von Texten, die Ihnen wichtig geworden sind, in eine gesonderte Datei Ihres Rechners. Vielleicht notieren Sie, warum diese Kunstwerke, Gegenstände und Texte Ihnen wichtig wurden.

9 Im Lauf Ihres Lebens sind Sie sehr vielen Menschen begegnet, vielen auch näher oder ganz nahe gekommen. Wer gehört dazu? Was verbindet Sie mit ihnen?

10 Mit wem beraten Sie sich?

11 Gesetzt den Fall, es wäre möglich: Welche Frage würden Sie als erste an Gott richten? Was würden Sie ihm als Erstes und Wichtigstes sagen wollen?

12 Wofür und wem sind Sie dankbar?

ZU GOTT SPRECHEN

Augustinus (354–430)

(1) Fecisti nos ad te et inquietum est cor nostrum, donec requiescat in te.

Quaeram te, domine, invocans te et invocem te credens in te.

(5) Dic mihi per miserationes tuas, domine deus meus, quid sis mihi. Dic animae meae: Salus tua ego sum. Sic dic, ut audiam. Ecce aures cordis mei ante te, domine; aperi eas et dic animae meae: Salus tua ego sum.
Curram post vocem hanc et apprehendam te. Noli abscondere a me faciem tuam: moriar, ne moriar, ut eam videam.

Angusta est domus animae meae, quo venias ad eam: dilatetur abs te. Ruinosa est; refice eam.

(1) Geschaffen hast du uns zu dir, und ruhelos ist unser Herz, bis es Ruhe findet in dir.

Ich will dich suchen, Herr, mit meinem Rufen, und will dich rufen, indem ich an dich glaube.

(5) Sag mir um deiner Barmherzigkeit willen, was du mir bist. Sag meiner Seele: Dein Heil bin ich. Sprich so, dass ich höre. Siehe, die Ohren meines Herzens sind vor dir, Herr. Tu du sie auf und sag meiner Seele: Dein Heil bin ich. Nachlaufen will ich hinter dieser Stimme und dich fassen. Verbirg dein Angesicht nicht vor mir. Sterben will ich, um nicht zu sterben, sondern es zu sehen.

Eng ist das Haus meiner Seele, in das du kommen sollst zu ihr. Mach du es weit. Baufällig ist es, setz du es in Stand.

Ausgewählte Sätze aus: Augustinus, Confessiones / Bekenntnisse, Buch I,1 und I,5

Teresa von Ávila (1515–1582) zugeschrieben:

Nada te turbe,
nada te espante,
todo se pasa,
Dios no se muda;
la paciencia
todo lo alcanza;
quien a Dios tiene
nada le falta:
Sólo Dios basta.

Nichts soll dich ängstigen,
nichts dich erschrecken.
Alles geht vorüber.
Gott allein bleibt derselbe.
Alles erreicht
der Geduldige,
und wer Gott hat,
der hat alles.
Gott allein genügt.

Nichts ängstige dich,
nichts erschrecke dich,
alles geht vorüber,
Gott ändert sich nicht.
Die Geduld
erlangt alles.
Wer Gott hat,
dem fehlt nichts.
Gott allein genügt.

Dieser Text wurde in einem
Gebetbuch Teresas gefunden.

Deutsche Version
im Gotteslob unter Nr. 5,2

Wörtliche Übertragung

Weiter fragen

REGISTER DER TEXTE UND BILDER

Texte

Bilder

Auf der beiliegenden CD-ROM finden Sie alle Bilder dieses Buches.

Sie sind folgendermaßen benannt: Maler/in, Bild-Titel, Seitenzahl in diesem Buch, z.B.: Cucchi, Enzo, Etwas Heiliges zwischen den Händen_41.

Sind mehrere Bilder auf einer Seite zu sehen, werden sie als a, b, c unterschieden, z.B.: Masereel, Frans, Die Hände_7b.

Gelegentlich finden sich auch thematische Benennungen: Die erste Versuchung Jesu, Albani-Psalter.

Anhand von zwei Inhaltsverzeichnissen können Sie auf der CD-ROM jede gesuchte Abbildung finden:

In der Datei »Inhalt nach KünstlerInnen« finden Sie die alphabetische Liste der Künstlernamen bzw. Themen mit den zugehörigen Seitenangaben im Buch.

In der Datei »Inhalt nach Seitenzahlen« finden Sie die aufsteigende Liste der Seitenzahlen.

QUELLENVERZEICHNIS

Texte

8 Paul M. Zulehner, Sehnsüchte – eine pastoralsoziologische Untersuchung, in: Deutscher Katecheten-Verein (Hg.), Stimmen der Sehnsucht, Dokumentation des Katechetischen Kongresses 1997 in Würzburg, München 1997, 43 46, hier 43–44 8 Kunert, Günter, Für mehr als mich, zit. nach: Paul Jacobi, Sehnsucht nach Leben © Matthias Grünewald Verlag, in der Verlagsgruppe Patmos in der Schwabenverlag AG, Ostfildern 1994, S. 13 9 Wovon sollen wir träumen?, Text: Axel Bosse/Alina Süggeler © Edition ACE Magnets/Universal Music Publ. GmbH, Berlin und Oton Verlag Martin Propp, Berlin 11 Jandl, Ernst, an gott, zit. nach: Paul Konrad Kurz (Hg.), Wem gehört die Erde? Neue religiöse Gedichte © Matthias Grünewald Verlag, in der Verlagsgruppe Patmos in der Schwabenverlag AG, Ostfildern 1984, S. 177 12 Brecht, Bertolt, Der Ozeanflug (St. 8,3), in: Bertold Brecht, Gesammelte Werke Bd. 2 © Suhrkamp Verlag, Frankfurt/Main 1967, S. 576f. 13 Drewermann, Eugen, Wie von Gott sprechen? (Auszug) in: Michael Albus (Hg.), Hanna-Renate Laurien und Eugen Drewermann, Im Gespräch. Fragen an das Glaubensbekenntnis © Butzon & Bercker, Kevelaer 1992, S. 18f. 33 Meister Eckehart, Worauf du dein Streben richtest, zit. nach: Josef Quint (Hg.), Meister Eckehart, Deutsche Predigten und Traktate © Hanser Verlag, München 1963, S. 227 33 Halbfas, Hubertus, Was man alles mit Gott machen kann, in: Hubert Halbfas, Der Sprung in den Brunnen. Eine Gebetsschule © Verlagsgruppe Patmos in der Schwabenverlag AG, Ostfildern 1981, S. 70f. 42 Rilke, Rainer Maria, Alle, welche dich suchen, in: Rainer Maria Rilke, Das Stunden-Buch: Das Buch von der Pilgerschaft, Insel-Verlag, Frankfurt/Main 1962, S. 75f. 42 Wittgenstein, Ludwig, Nicht wie die Welt ist, in: Ludwig Wittgenstein, Tractatus logico-philosophicus. Logisch-philosophische Abhandlung © edition suhrkamp 1963, S. 114f. 43 Broch, Hermann, Es genügt nicht …, in: Hermann Broch, Die Schuldlosen. Roman in elf Erzählungen, Bd. 5 der kommentierten Werkausgabe © Suhrkamp Verlag, Frankfurt/Main 1994, S. 242 44 Eggimann, Ernst, Psalm 19, zit. nach: Im Dialog. Kurs Religion für die Sekundarstufe II, Bd. 5: Gott und Gottesbilder © Kösel-Verlag, München, in der Verlagsgruppe Random House, München 1997, S. 12 46 Sachs, Nelly, Abgewandt, in: Gedichte, hg.

und mit einem Nachwort versehen von Hilde Domin © Suhrkamp Verlag, Frankfurt/Main 1977, S. 100 46 Celan, Paul, Psalm, in: Paul Celan, Die Niemandsrose. Gedichte © Suhrkamp Verlag, Frankfurt/Main 1963, S. 23 47 Newman, Barnett, zit. nach: Wieland Schmied (Hg.), Zeichen des Glaubens. Geist der Avantgarde, Electa/Klett-Cotta, Stuttgart 1980, S. 275 48 Zeller, Eva, Nach dem Tod Gottes, in: Eva Zeller, Auf dem Wasser gehen. Ausgewählte Gedichte © Deutsche Verlagsanstalt München, in der Verlagsgruppe Random House, München 1979, S. 60–61 55 Sartre, Jean-Paul, Geschichte einer missglückten Berufung, in: Jean-Paul Sartre, Die Wörter © Suhrkamp Verlag, Frankfurt/Main 1980, S. 74–79 56 Leist, Marielene, Suche nach einem Gott, der weint und trauert …, in: Norbert Copray/Thomas Seiterich-Kreuzkamp (Hg.), Suchende sind wir. Gottesbilder heute © Kösel-Verlag, München, in der Verlagsgruppe Random House, München 1989, S. 50ff. 57 Helnwein, Gottfried, Meine Religion, das war Donald Duck, in: Malerei muss sein wie Rockmusik – Gottfried Helnwein im Gespräch mit Andreas Mäckler © C. H. Beck Verlag, München 1992, S. 9–10 77 Erich Zenger, Das rechte Verhalten im Leid, nach: Erich Zenger, Einleitung in das Alte Testament, Stuttgart u.a. 1995, S. 231–232 und S. 239–242 80 Bonhoeffer, Dietrich, Mitten im Leben muss Gott erkannt werden, in: Dietrich Bonhoeffer, Widerstand und Ergebung. Briefe und Aufzeichnungen aus der Haft, hg. von E. Bethge © Gütersloher Verlagshaus, Gütersloh, in der Verlagsgruppe Random House, München 83 Kushner, Harold S., Gott auf der Seite der Opfer, in: Harold S. Kushner, Wenn guten Menschen Böses widerfährt © Gütersloher Verlagshaus, Gütersloh, in der Verlagsgruppe Random House 84 Kolitz, Zvi, Trotz allem an Gott glauben, in: Jossel Radovers Wendung zu Gott (Jiddisch – Deutsch), aus dem Jiddischen von Paul Badde © für die deutschsprachige Ausgabe: 2004, 2008 Diogenes Verlag AG Zürich 85 Metz, Johann Baptist, Im Eingedenken fremden Leids, in: Katechetische Blätter 122 (1997), S. 78–87, hier S. 78–80 © Kösel-Verlag, München, in der Verlagsgruppe Random House, München 88 Marti, Kurt, dann und jetzt, in: Kurt Marti, gedichte am rand © Radius Verlag, Stuttgart 88 Péguy, Charles, Gott ist die Hoffnung, in: Charles Péguy, Le Porche du Mystère de la Deuxième Vertu © Editions Gallimard 1929, Ausgabe 1962, S. 15–30 91 Unsere Hoffnung. Ein Beschluss der Gemeinsamen

Synode der Bistümer in der Bundesrepublik Deutschland, Teil I,1 (angenommen in der 8. Vollversammlung 18.–23.11.1978) 93 Marti, Kurt, Aufbruch und Erfahrung, in: Kurt Marti, Widerspruch für Gott und Menschen © Herder Verlag, Freiburg/Heidelberg 1982, S. 95–101 94 Weil, Simone, Mit unbedingter Aufmerksamkeit, in: Simone Weil, Zeugnis für das Gute. Traktate, Briefe, Aufzeichnungen, übers. u. hg. von Friedhelm Kemp © Walter Verlag, Olten und Freiburg i.Br. 1976, S. 108–110 (Auszug aus einem Brief an Pater Perrin, ca. 15.5.1942) 96 Kaschnitz, Marie Luise, Mein sterblicher Gott. Stück VII aus dem Gedicht »Schnee«, in: Marie Luise Kaschnitz, Überallnie. Ausgewählte Gedichte 1928–1965 © dtv, München ²1995, S. 231f. 96 Gebet nach Psalm 139, Text des Gebets nach: Richard Rogge/Helga Storkenmaier, Sag Du zu Gott. Neue Gebete für Sonderschulen © Don Bosco Verlag, München 1991, S. 31 98 Sölle, Dorothee, Glaubensbekenntnis, in: Dorothee Sölle/Fulbert Steffensky (Hg.), Politisches Nachtgebet in Köln © Kreuz Verlag in der Verlag Herder GmbH, Freiburg i.Br. 1969, S. 26–28. 99 Alves, Rubem, Ein persönlicher Fragebogen, in: Rubem Alves, Ich glaube an die Auferstehung des Leibes. Aus dem Portugiesischen übersetzt von Horst Goldstein © der deutschen Übersetzung Patmos Verlag in der Schwabenverlag AG, Ostfildern 100 Niehl, Franz W., Fragebogen I und II, in: Katechetische Blätter 109 (1984), S. 844 und 853 © Kösel-Verlag, München, in der Verlagsgruppe Random House, München 102 Bours, Johannes, Fragen zur christlichen Selbsterkenntnis, Auswahl in: Johannes Bours, Da fragte Jesus ihn © Verlag Herder GmbH, Freiburg 1983, S. 235–239 105 Augustinus, Ausgewählte Sätze aus: Confessiones/Bekenntnisse, Buch I,1 und I,5 105 Teresa von Ávila, Nada te turbe/Nichts soll dich ängstigen, Deutsche Version im Gotteslob Nr. 5,2

Die biblischen Texte sind nach der Einheitsübersetzung der Heiligen Schrift zitiert © Katholische Bibelanstalt, Stuttgart 1980

Bilder

7 Paula Modersohn-Becker, Liegende Mutter mit Kind, Sommer 1906, Öl auf Leinwand, 82,5 × 124,7 cm, Paula Modersohn-Becker-Museum, Bremen © akg images/Paula Modersohn-Becker Museum, Bremen © VG Bild-Kunst, Bonn 2013 7 Frans Masereel, Die Hände © VG Bild-Kunst, Bonn 2013 7 Käthe Kollwitz, Der Tod nimmt eine Frau zu sich, 1921/22, Kohle, 5,75 × 3,28 cm, Museum für Kunst und Kulturgeschichte, Lübeck © akg-images © VG Bild-Kunst, Bonn 2013 11 Künstler unbekannt 11 © Horst Rudolph 16 Weibliche Figur, Elfenbein © Hilde Jensen, Universität Tübingen 16 Baal, Kösel-Archiv 16 El, Kösel-Archiv 17 Bronzestier, Kösel-Archiv 17 Astarte oder Aschera, Kösel-Archiv 17 Kanaanäischer Rundaltar, Megiddo, Foto: J. H. Schneider 17 Israelischer Hörneraltar, Megiddo, Kösel-Archiv 20 JHWH von Teman, Kösel-Archiv 20 JHWH von Samaria und seine Aschera, Kösel-Archiv 22 Sch[e]ma Israel, Foto: J. H. Schneider 22 Mesusa, Foto: J. H. Schneider 24 Hand Gottes über

Mose, Mose und der brennende Busch, Wandgemälde aus Dura Europos, Synagoge in Toda's Iraq, ca. 245 v.Chr. © akg/Bible Land Pictures 24 Hand Gottes, Wandmalerei aus S. Clemente de Tahull (St. Climent de Taüll), Prov. Lérida, um 1123, Museu d'Art de Catalunya, Barcelona, Kösel-Archiv 24 Vorherziehende Feuersäule, Kösel-Archiv 24 Kreis und Licht, Hildegard von Bingen, Die Dreifaltigkeit (Christus, eingeschrieben in die Kreise Gottvaters und des Hl. Geistes), Buchmalerei aus dem Rupertsberger Codex, 12. Jh., Faksimile (Original ehemals Wiesbaden, seit dem 2. Weltkrieg verschollen), Kösel-Archiv 25 Die Lade des Bundes, Watopédi-Oktateuch, Kösel-Archiv 25 Wasser aus dem Felsen, Watopédi-Oktateuch, Kösel-Archiv 26 Umflutendes Licht, Mose empfängt das Gesetz, Sarajevo-Haggadah, Kösel-Archiv 26 Tetragramm über Darstellung des Gekreuzigten, Detail einer Stickerei aus Seide und Gold auf Samt auf einer Kasel, ca. 40,0 × 25,0 cm, Ende 17. Jh., Münsterkirche St. Martini, Emmerich am Rhein © Foto: J. H. Schneider 26 Marc Chagall, Der schützende Engel (Ps 34,2-9), Pastell, Gouache und Tusche, 35,6 × 26,5 cm, 1956–1960 © VG Bild-Kunst, Bonn 2013 28 Erschaffung Adams, Foto in: Helge Burggrabe u.a., Chartres © Kösel-Verlag, München, in der Verlagsgruppe Random House, München ²2013, Foto: Helge Burggrabe 28 Christus und Adam, ebd., Foto: Helge Burggrabe 29 Gott als Richter, Weltgericht, Waltensburger Meister, Kösel-Archiv 29 Thronender Gottvater, Kösel-Archiv 30 Dreifaltigkeit/Gnadenstuhl, Kösel-Archiv 30 Meister von Rohan, Die Beweinung Christi/Marienklage aus den »Grandes Heures de Rohan« für Jolanthe von Aragon, Paris, um 1420/27, 29,0 × 30,0 cm, Ms. Latin 9471, fol 135, Kösel-Archiv 30 Michelangelo Buonarroti, Die Erschaffung Adams, 1511/12, Fresko, 280 × 570 cm, Rom, Vatikan, Cappella Sistina – Sixtinische Kapelle, 4. Mittelfeld, Kösel-Archiv 31 Julius Schnorr von Carolsfeld, Gott als Schöpfer, Der Sabbat, in: Die Bibel in Bildern. 240 Darstellungen, erfunden und auf Holz gezeichnet von Julius Schnorr von Carolsfeld, Ausgabe Wigand, Leipzig 1860, Kösel-Archiv 31 Verheißung an Abraham, Basilika Kevelaer, Ausmalung des nördlichen Querhauses (1891–1922), Foto: J. H. Schneider 31 © Heiner H. Hoier 32 Gott als Himmelspapa, Gott als Henker, Gottes Blitzehand, Gott als Buchhalter, in: Jolande Jacobi, Vom Bilderreich der Seele © Patmos Verlag in der Schwabenverlag AG, 3. Auflage der Sonderausgabe 1989 33 © Hans-Georg Rauch, Erben 35 Maria als Himmelskönigin, Kösel-Archiv 36 Jan Polack, Schutzmantelmadonna der Familie Sänftl im Liebfrauendom, München © Erzbischöfliches Ordinariat München, Hauptabteilung Kunst, Foto: Wolf-Christian von der Mülbe 36 Simon von Taisten, Schutzmantelmadonna, Fresko in der Kapelle zur Allerheiligsten Dreifaltigkeit © Museum Schloss Bruck, Lienz/Tirol, Foto: Gaggl 39 Sophia, Ikone Nowgorod (Detail), British Museum, London © Trustees of the British Museum 41 Enzo Cucchi, Etwas Heiliges zwischen den Händen © Rechte beim Künstler 41 AL-TIRA, Foto: J. H. Schneider, mit Erlaubnis der Künstler Katharina Veldhues und Gottfried Schumacher 47 Barnett Newman, Be II, Sammlung Annalee Newman, New York © VG Bild-Kunst, Bonn 2013 49 Schülerzeichnungen, Foto: J. H. Schneider

60 Rembrandt van Rijn, Adam und Eva (Der Sündenfall), 1638, Radierung, 16,2 × 11,6 cm © akg-images 60 Robert Crumb © Agence Littéraire Lora Fountain & Associates, Paris 61 Emil Nolde, Verlorenes Paradies © Nolde Stiftung, Seebüll 63 Albrecht Dürer, Der Sturz des Drachen, Apokalypse, Kösel-Archiv 63 Der Sturz Luzifers, Holzstich nach einer Illustration von Gustave Doré (1832–1883), zum 3. Gesang von John Milton, Paradise Lost, 1667/1674 »(…) eilt er nach der Erde/Die Sonnenbahn verlassend, hoffnungsvoll«; in: Das verlorene Paradies, dt. v. Adolf Böttger, Neufeld & Henius, Berlin o.J., nach S. 82, Sammlung Archiv für Kunst und Geschichte, Berlin © Foto: akg-images 64 Heilung des Besessenen, Evangeliar Ottos III., Kösel-Archiv 64 Meister der Cranach-Nachfolge, Exorzismus, Kösel-Archiv 65 Kösel-Archiv 65 Kösel-Archiv 67 Die erste Versuchung Jesu, Albani-Psalter, Hildesheim, Kösel-Archiv 68 Milan Kunc, Normal Day © Rechte beim Künstler 69 Wolfgang Mattheuer, Der Koloss II, Öl auf Leinwand, 96,0 × 118,0 cm, Städel Museum, Frankfurt am Main, Foto: © Städel Museum – Arthothek © VG Bild-Kunst Bonn 69 Dieter Groß, Christus mit der Dornenkrone, Beitrag zum Güglinger Palmtuch, 1988 © Dieter Groß, Stuttgart 70 Giotto di Bondone, Der Verrat des Judas, um 1303/05, Fresko, ca. 150,0 × 140,0 cm, aus dem Zyklus mit Szenen aus dem Leben Mariä und Christi, Padua, Arenakapelle (Cappella degli Scrovegni), Stirnwand, mittlere Reihe, links, Foto: akg-images/Cameraphoto 72 Sighard Gille, Das Opfer (Abraham und Isaac), 1983, Radierung © VG Bild-Kunst, Bonn 2013 72 J. H. Schneider, Kein Opfer 76 Jakob Steinhardt, Ijob (Hiob), 1957, Farbholzschnitt 78 Ijob-Handschrift, Katharinenkloster, Kösel-Archiv 79 SPIEGEL-Titelbild © Spiegel-Verlag, Hamburg 82 Brennende Synagoge an der Oranienburger Straße in Berlin am 9./10. November 1938 © SLUB Dresden/Deutsche Fotothek 82 Ungarische Juden an der Rampe in Auschwitz-Birkenau, Foto (SS-Erkennungsdienst), Sommer 1944 © Foto: picture-alliance/akg-images 82 Yad Vashem, Foto: J. H. Schneider 90 Herbert Falken, Vision, 1988, Graphit, Terpentin, 40,0 × 30,0 cm © Rechte beim Künstler 95 Kölner Dom/Hbf, Foto: Jonathan Webb, 2005

Einige Quellenangaben (Texte und Bilder) waren trotz Bemühungen des Verlags nicht oder nur ungenau möglich. Der Verlag ist für weiterführende Hinweise dankbar.

Überraschende Zugänge

Frank Troue
44 PLUS 4 METHODEN FÜR DIE BIBELARBEIT
Mit Kopiervorlagen für Klasse 3 – 10
160 Seiten, DIN A4, kartoniert
ISBN 978-3-466-37068-9

44 + 4 Methoden zur abwechslungsreichen
Bibelarbeit lassen erfahren, wie nah die Texte
den Erfahrungen der Schülerinnen und
Schüler sind. Sie öffnen den Blick für den
Schatz des »Buchs der Bücher«.

Benedikt Lautenbacher / Andreas Ruffing (Hg.)
MÄNNER GOTTES
12 Porträts aus Bibel und Tradition
Ein Jahresbegleiter mit 12 Fotos
112 Seiten, Klappenbroschur
ISBN 978-3466-37076-4

Namhafte Autoren finden überraschende
Zugänge zu biblischen Männergestalten und
Heiligen. Unterschiedlichste Lebenssituationen,
Berufsgruppen, Krisen und Bewältigungs-
strategien bieten Impulse für heute.

Jens Ehebrecht-Zumsande
ZÄRTLICH UND GEWALTIG IST GOTT
Biblische Impulse für eine Spiritualität der
Spannungen
kartoniert, 176 Seiten
ISBN 978-3-466-37009-2

Bilder, Gebete und Übungen zeigen konkret,
wie widersprüchliche Gottesbilder – vom
zärtlich-nahen und zugleich schrecklich-
gewaltigen Gott – für die Alltagsspiritualität
fruchtbar werden können.

Georg Langenhorst
GEDICHTE ZUR GOTTESFRAGE
Texte – Interpretationen – Methoden
Ein Werkbuch für Schule und Gemeinde
248 Seiten, kartoniert
ISBN 978-3-466-36632-3

50 überwiegend moderne Gedichte renom-
mierter Schriftsteller-innen werden vorgestellt,
knapp interpretiert und mit methodischen
Hinweisen für den Einsatz in RU und Gemeinde
sowie zur persönlichen Inspiration erschlossen.

Mit Bildern lernen